U0119421

自序

甘華

幸福的人家彼此都很相似，不幸的家庭各有各的樣式（安娜卡列尼娜）。

小時候常常有同學說要讓我輔導跟我談心，從那時我好像就成了一個輔導小老師。由於我經歷貧窮辛苦的成長過程，對暗黑幽微很能理解，長大後考上高考，我成了觀護人（少年調查保護官），有機會跟更多的青少年與家長談心，工作從第一年到現在將近三十年，一代代的孩子長大，時代有變，但青春的探索、各種的糾扯從來沒有變，常常有人請我寫如何輔導的書，我都覺得汗顏，因為這些孩子眼尖，高調的輔導都成了嘲笑。

有天我想記錄這些暗黑騎士的故事，走進有名的阿盛老師寫作私淑班，老師的學生各行各業佼佼者，大家對文學與寫作用心，每年同學文學獎者絡繹不絕，一位文學大師在將就居造領文學沙龍於一方，我慢慢寫下孩子的故事，文字雖略缺文學性與雕琢，但老師每每在他其的學生面前說，這是記實特殊的人生，告訴我要繼續寫，因為這些事只有我知道，如果讓故事直接感動人，也能幫助到需要的人。

工作第一年第一個案子，我寫下生平第一篇報告，斟酌再三，生怕一個字怎樣影響一個人的一生，到現在每天在我面前流動的少年，一聽一二，我都已知後面的三四五六，有時都誤認為自己幾乎會算命，但知道命並不能改變命運，我在人生面前，謙卑而行，如得其情，哀衿而勿喜，可惡之人必有可憐之處，可憐之人必有可惡之處，屢屢辨思，勿以善小而不為，有福亦遠矣，勿以惡小而為之，無禍亦近矣，屢屢提醒！

曾有個孩子在我工作的第二年開始帶，他很聰明，智商一百三十幾，但父母婚姻的不穩定，自小由叔父幫忙照顧，叔父想讓他更聰明，一連串的惡打，讓孩子深惡痛絕，孩子開始反權威，惡整長輩與老師，孩子有法律有天份，知解各種漏洞，經常亂用，猶如電腦駭客造成問題，他常被告，也不斷的告人，全省監獄到處關，我細細聽他述說被叔父惡打或拔指甲的傷痛，他豪氣講述又告了誰，他是暗夜行走的一隻黑貓，踽踽獨行，有天認識了女友，女友已另有孩子，他竟像個父親好好照顧溫柔對待，他可能不知道他照顧的是自己，溫柔安慰的是自己傷痛，有一年我問他幾歲？他說四十幾了，妳忘記我們只差七歲，我啊了一聲，竟然我們都快老了！

有些孩子，老師帶不了，請家長帶去醫院評估，醫生說是過動兒，父母開始哭怎麼辦？法院多半的少年有這問題，監獄關的大都也是有這類困難的人，很多的過動兒被貼上壞孩子的標籤，近年來醫藥與身心認識與行為認知教育的進步，我們成立跳跳虎（過動兒）成長團體，協助父母與過動兒自己認識腦部額葉皮下迴路功能異常，容易受情緒的影響，情緒調整的訓練與醫藥的認識很重要，這類的孩子有像獵人的特質，探索性特強，我們讓父母、師長、與孩子自己欣賞他的不一樣，找出不一定是讀書的，如機械修理、美術、表演或人際……等優勢能力，孩子雖然一樣惹麻煩，但在孩子學習承擔後果後，我們要予接納與寬容，不要一直對孩子人格損傷，在這些的訓練後，發現很多的孩子找回自信，親子關係改善，即使是一個洗頭妹或水電學徒或就在便利商店工作的孩子，也能在家立足得到讚美，阿懋的媽媽與小勤的媽媽都在走過陪伴孩子的工程後，將心比心留在團體當志工媽媽，協助這些跳跳虎能得到社會多元優勢能力的看待與善待。

少年有各種問題，一級預防：將孩子的觀念予以調整，少年行為即能改善，二級處理：少年有環境輕忽與家庭教育不足，我們在環境改善並協助父母教導或相處的技巧，少年行為能逐漸改善與社會適應，三級整治：孩子環境深化成幫派糾結，挑戰社會規範，身心受毒物影響成癮不能自制，三級的少年幾乎都是暗黑騎士，惶惶走於路途，深怕世人的日間責難，夜間獨自流浪於暗巷，或群聚於街頭，他們躲避法律的追逐，雖盼望黎明帶來的希望與光亮，只是白日來時，他們消失無蹤，多少的家長哭泣他們的孩子迷失於迷魂的黑夜中。

我是一個觀護人（調保官），我自己是兩個孩子的媽，我約有一百個少年，經常我覺得自己是一百〇二個孩子的媽，很多的少年受毒品的肆虐，他們可能是無知，但更多是孤單與難過，經常在輔導他們時看到他們困在難題的漩渦，有時他們不知自己在問題中，當家長看到自己的孩子在毒品行為，孩子又自己以為是的拒絕家長協助，家長的痛苦、難過、黑暗，我完全可以理解，經常看到外國電影，有戒酒、戒癮團體提供成癮者一個自助人助的環境，那個畫面經常在我的腦海中。

有一天，我詢問我工作上的摯友美慧，我們來成立少年的戒毒支持團體好嗎？她說她覺得是神在呼召她，爽快的答應我。在腦海裡我又呈現團體應該有溫暖的食物與行政人力支援，我詢問充滿熱忱的淑娥媽媽，可否擔任團體的行政大總管，她也很快的答應。在法院成立戒毒支持團體應該是史無前例的事，我希望我的主管認可我們的作法，很謝謝我的主管給我支持。但我仍需強而有力的後盾，我跟我的摯友姜麗香法官說團體要成立了，請她給我大大的支持，她坦然接受了這個最須肩膀的任務，最後我覺得團體應該稱號，謝謝天父給我靈感，因為要永不絕望，那就叫「盼望」吧！

在二〇一一年六月一日盼望團體成立，起初學生與家長都不多，但美慧跟我說，即使只有一個學生她也要做，我好感動！一直到現在，我們「盼望—戒毒支持團體」已成立多年了！

每月第二週與第四週的星期四晚上，每次都有幾十位少年與家長來到團體，我們已發展出堅強的團隊，於此我介紹我們的盼望團隊：

（一）士林地院：少年法庭庭長、法官、調保室主任、劉慧萍採驗員、何炳輝心測員、陳甘華調保官。

（二）以琳士林教會：朱俊誠牧師、何美慧社工、綺芳、昭蓉、澄棉……。

每次在團體時間，以琳士林教會教友提供詩歌、音樂服務，並在第二段時間協助帶領少年小組、媽媽小組、爸爸小組的學習，教會成員出錢出力，讓我們見證天父大能的手，愛這些孩子與爸爸媽媽。

（三）志工團隊：淑娥媽媽、美玉媽媽、碧玉媽媽、美玲媽媽、淑媛阿姨，季雲媽媽、昱秀媽媽、美珍媽媽、欣怡姐姐、俊賢哥哥、謝爸爸……等，謝謝他們在每次團體的晚上無私的奉獻。

（四）老師群：高依璇（非洲鼓隊）、許證鴻（自我探索）、吳承祐（潛能開發領袖訓練）。

（五）青年使命團：Garret、Chris、Nash、Adam、Jeremiah……

（六）台北毒品危害防治中心

我一直覺得認識他們與他們共事是我此生最大的榮耀。

盼望戒毒支持團體希望成為一個模式、一顆種子，讓各地有類似模式的互助團體成立，持續幫助受困者，引領成為一道光。

推薦序

每個孩子都被盼望著

毒品危害防制中心 賴玉芳 組長
台北市立聯合醫院昆明防治中心護理長

在進行新進人員訓練或與前來中心求助的家長晤談時，個案教學或案例分享是我經常採用的方式，而最煩惱的事情之一，是不容易找到適當的題材，幫助他們因感同身受產生共鳴，走出已經麻木的失望，進一步找到改變的契機與希望的曙光。

一本好書，就能讓有工作經驗的個案管理師自學與演練，讓徬徨又無從啟齒的求助者藉由不同的故事重整自我感受與體驗，是非常有益的。《盼望一直在》就是一本這樣的書，書中寫實的案例故事，樸實直接的筆法，將少年的人生呈現在字裡行間；透過調查保護官的助人過程與視角，看到問題少年所遭遇的問題，每個故事的主角是孩子、是少年，劇情幾乎都在失能或扭曲的親職關係與支持系統匱乏中持續演繹與擴大；寫實案例的揪心與沉痛讓我好幾次放慢閱讀速度，腦中浮現過去追蹤輔導個案的片段影像，濃厚複雜的情緒糾結著總以為是底限的期待。

在實務工作中曾多次面對像是書中「阿立」的伯父……，眼神困惑無力的父母強烈質疑現行的教養手段在手足或他人是成功的，但在偏偏個案卻頻頻出包，因而認為個案是個不良品。即使告知：因為每個人都是獨立的個體，教養模式不宜全盤套用，尤其是面對過動、有情緒困擾/障礙、成癮議題的案主時；家長往往糾結在「公平」、「為什麼需要不一樣」的癥結；事實上，每個孩子都是獨立的個體，本質上就不一樣，「親職」的相處與教養又怎能去求取條件上的齊頭平等呢？

我們都太習慣用自己愛人的方式去愛人，從「小杰」的故事中就能體會：面對脆弱的孩子與家庭風暴，最需要的不只是愛，而是持續學習的妥協、釋懷、調整與寬容等相處之道，以及適合案家的支持系統。工作中見到有毒品成癮問題的孩子，多數併有其他精神困擾，例如：情感性疾患、注意力不足過動症（ADHD）、智能不足與邊緣性智能、亞斯伯格症、對立性反抗疾患、品行疾患、學習障礙、創傷後壓力症候群……想要扶起這些跌倒的孩子，除了愛更需要醫療與治療介入，在孩子改善與改變的同時，家長、家人、主要親友也需要改變，更需要理解與接納因治療產生的改變，在階段性的妥協中看見進步與改變。

在這本書中有著許多的故事、許多的人生，值得細細品嘗感受每個角色的酸甜苦辣，不論您來自哪個專業領域或工作場域，不論您目前關切的問題為何，或是您想要了解正處在風暴中的獨特少年與手足無措的家長們，這本《盼望一直在》是您的最佳選擇；相對於親職教育或助人專業技巧的文案學理，寫實的故事更能讓人領略每個獨立個體需要不同的步調，從作者直接坦率的文字中，挑戰習以為常的價值觀，重溫青澀時期的衝突與無畏，將視角和重心從習以為常的自我價值信念移到需要被關注的人身上，扎實感受教養所需的氛圍，有智慧地珍視孩子、少年或案家改變的契機及可用的資源，如此更能友善的堅信每個期待及盼望。

目錄 Contents

一、一天

每天都是新的一天，擔任調查保護官已近二十八年，什麼是我工作的一天呢？

學習承擔青春這一課

早上我進入收容室訊問，法警解開小龍的手銬，小龍坐下來跟我說，因為幾個鬼混的朋友，有人覺得被機車的主人罵過，心理很不爽、很生氣，所以想要破壞他的機車車墊報仇，結果幾個狐群狗黨義氣相挺！

當車主發現車墊被破壞，報警調出監視錄影帶，因為角度關係，只照到三個少年在街上晃，車子與少年有沒有做壞事都沒照到，沒有決定性的證據，三個少年於是死賴車墊的事跟他們無關，少年的律師也一直說少年沒犯案，請求結案，但被害人反問那到底誰破壞我的車墊?案子不大，事實卻很重要，法官只好動用了測謊，測謊程序很麻煩，進行了好幾個月，最後結果是兩個少年拿放在包包的拔手破壞了車墊，一個在旁看好戲。

在這過程中，三人聯手「否認，不知道、沒看到、跟自己沒關」，要得學校師長、家長、律師團團轉，因為之前承諾在法庭上說謊就自願被收容，測謊真相呈現後，三個人都被關進少關所。

案件發生後近一年的時間裡，三個少年其實過得不太好，一直害怕事實被查出，所以沒心工作、不想讀書，小龍尤其不想被媽媽管教，因此離家去找流氓爸爸，跟爸爸同住的流氓哥哥帶著小龍吃好喝好，這期間又牽涉了盜刷他人的信用卡。

我去看了在少觀所過年的小龍，吃得白白胖胖，沒有之前開庭時說謊的瑟瑟縮縮，現在小龍也覺得把事實真相說出來，心裡比較舒坦；他了解為何媽媽要管教自己，並且跟我承諾出去會好好聽媽媽安排，去表姐的滷味店工作。

叛逆期的孩子，懵懂無知，胡搞瞎搞不怕死，到要負責任的時候，才知道事情的嚴重性，還好法官明察秋毫，讓三個少年好好學習承擔青春這一課。

面對他的狂亂，以招制招

回到辦公室，喝口水，吃個橘子補充維他命C，就接到社工電話說阿震最近「懶性」發作，覺得要當兵了，可以不用工作，趁機玩樂一番。

阿震之前已經連續兩年，說要唸書但開學註冊都只讀一個月就休學，去年犯案被收容後，安排工作學習，最近認真工作一個月，領到不是作黑道的正常的薪水，覺得好高興，但我害怕又像之前一樣所有的好事只有一個月後就要變調，於是趕快打電話給阿震，想好好提醒他一下。

「喂喂……阿震嗎？」，聽聲音不是阿震，電話那頭：「保護官，我是阿震！」

「哇！不好意思，誤撥到你的電話，你最近好嗎？」

「好啊，退伍後，我現在做了自己喜歡的餐飲業了，正在認真學習中，以前高中的時候交了愛玩的朋友，懵懂無知做了不好的事，還好有到「盼望團體」，終於把高中三年讀畢業，現在有了喜歡的工作，媽媽也好高興！」

我想起以前剛帶阿震的時候，驗尿一直有毒品問題，但媽媽一直沒放棄，陪著阿震來參加團體活動，忽然有一天阿震終於想通了，離開了毒品朋友，白天讀書，晚上打工，三年高中畢業，當兵後投入自己喜歡的餐飲業學習，一個孩子從國中狂飆惹事生非到承擔後果改進學習成長穩定，這過程往往是五到十年的工夫，沒有心裡準備打算長期抗戰，是很難長期陪伴的。

面對新的另一位「現在阿震」，我需要鎮定地面對他的狂亂，以招制招，因為看著以前這位阿震的改變，他的這通電話給了我力量，讓我更有帶領這些狂飆孩子的信心與耐心。

打能改變過動兒的自目行為嗎？

午餐後，今天中午有我最快樂練球的時間，輔導工作勞心勞力，跟教練練打桌球，對方一揮拍，好球容易打到，壞球就要跑跳、進退、推拍的變換技巧才能接招；打球讓身體靈巧，汗水淋漓，滿臉通紅，儲蓄了戰鬥的能量與熱力。

下午跟諮商師訊問與評估，這次的對象是阿立，阿立每次都偷伯父與他房客的錢？

阿立說爸媽離婚後，媽媽過世，爸爸把哥哥與他交給伯父撫養，伯父自己有三個孩子，伯父管教的方法是，少幾分打幾下。伯父的孩子很優秀，不是公立前一或二高中，這時他的三個孩子都長大了，於是就照顧他與哥哥。

伯父要求他們兩兄弟要做家事才有零用錢，哥哥很乖聽話懂事，伯父很疼他，但阿立就是做不好家事，所以都沒零用錢，他經常羨慕朋友有零食吃或有３Ｃ產品，為了愛面子，他於是就偷伯父或房客的錢，後來被發現，就被伯父狂打，被打得兇得受不了時，他開始逃家，逃家又被捉回來，那時才小學五六年級，伯父於是訂制了一條長達二十公尺的鐵鍊，攢在阿立腰部，讓他綁在家裡一樓生活，直到現在背部留有伯父狂打的疤痕，伯父一直以鐵鍊與棍子要他聽話，他也知道自己沒做好家事，理當被處罰，那些年，他也一直保證自己回家一定會好好聽伯父的話，把家事做好，不讓伯父生氣……。

在兩個多小時的評估中，一個十四歲的孩子已做過二十多次保證，這保證也許從很小就跟伯父一直保證，我之前問了伯父的管教方式，伯父說對過動的孩子，一定嚴定規矩，嚴格執行，不可例外，不可寬容，所以沒做家事，本來就不能有零用錢，他每個孩子都是打出來的成就，為何對阿立要例外……。

離開訊問室，走在我身邊的諮商師說看到阿立在背部多年被毒打的傷痕，他眼角流下了淚水，我記得多年前有個青少年身心科醫師跟我說，過動兒因為不被了解，成長的過程，父母或主要照顧者過度管教，孩子容易成了家暴受虐兒，或在校行為白目，成為同學霸凌或孤立的對象，長期人際的困難引發憂鬱症或躁鬱症。

回到辦公室，要把阿立的評估打成報告，也要跟很多的社福單位或學校社工討論，因為法官已安排近日要開庭了。

將近下午五點，小茂來法院報到，每月小茂會在六點前上班前的一小時，來找我報到後，再去附近的便利商店上班，小茂也是一個白目過動兒，不能好好聽繼母的管教，爸爸總不能為了他，把弟弟的媽媽趕走吧！小茂國二就去朋友家住，高中換了幾個學校，最後惹上了案子，進了法院，後來再犯被收容了幾個月，之後他怕又被關，勉強去工作，一個十七歲的孩子要養活自己很不容易，往往支出大於收入，但還好，社會還是有愛的，工作的便利商店有很多即期品，讓他可以止飢，房東又讓房租分期支付，到現在工作近一年了，我每次去店裡看他，他很認真認份的工作，這個「白目兒」努力把自己照顧好，每次報到會談，我們兩個一起吃點零食，我拿些東西給他，他總是給我個大大的擁抱。

一個孩子的擁抱，一個諮商師的眼角的淚水，這樣的情景讓我好好記得工作的每一天。

這樣的工作，讓我感謝有機會與他人的生命故事有關，能為這些孩子做些什麼，也提醒自己些什麼。

二、大慶與他的朋友們

寂莫讓人痛苦，耐得住寂寞，讓人自由……改變從忍住寂著開始……

國小長得乾乾淨淨的，大慶與哥哥都是爸媽用心疼愛的孩子。

國小五年級後大慶成績不好，爸媽沒有勉強，孩子自在就好，升上國中後，大慶搞不清楚自己喜歡什麼，唯一能確定的就是不愛念書了，大慶每天只顧著看那些愛玩的同學做什麼？

有一天，有人發現他的好奇，於是找他放學後去街角聊天。

第一天放學四點半聊到五點半，大慶急著回家，怕媽媽擔心。第二天聊到五點半，朋友都沒回家，大慶想看看大家去哪裡？於是跟著大家在飲料店、炸雞店逗留，心想今天就留晚一點。第三天留更晚，大家吃完晚餐，群聚學校藍球場。大家聊天、嬉笑、有人教抽煙，剛開始還會怕，多試幾次後，就不知道什麼是怕了。

從此以後經常在公園、夜市流連，而混在一起的朋友本來就不太去學校上課，大慶漸漸地也不在乎去不去學校了。

爸爸這時在工地摔傷了，需要長期休息，媽媽是幼稚園老師，除了要獨自承擔全家的經濟壓力外，屢屢又被請去學校，提醒要注意大慶的行為。媽媽總是很有耐心的跟大慶溝通：「要去學校念書呀，爸爸摔傷，媽媽工作好辛苦，你要好好讀書啊！」，但大慶聽得懂嗎？

大慶與阿平，兩個半斤八兩的孩子，不在乎去不去學校，阿平幾乎都不去學校的，大慶還因母親關心，偶爾去去學校，但由於二人交往越深，大慶漸漸就住在阿平家裡了，兩人從此更有伴了，經常半夜出遊，阿平一向大膽，看到機車，直說去牽，大慶初時還說不要不要……，但自阿平動手後，大慶在旁邊就一直注意有人在看嗎？阿平開鎖牽車後，兩人好興奮，大慶好像也變得不害怕了，直接坐上機車後座，讓阿平載著去兜風，兩個國二的小毛頭，沒戴安全帽，興奮得直闖紅燈，直到遇到警察巡邏，很快攔下機車，馬上查出兩人偷竊機車，移送法院。

母親陪同少年到法院，面對這種情況，再堅強的母親也會瀕臨崩潰的，這時母親雖然理性一直要對大慶說好話，但情緒上也講不出什麼真心的好話了。

大慶需要到法院接受輔導。

只是，大慶還是不喜歡到學校，老師每天打電話到法院告狀「大慶不去學校」，開學好久，大慶的課本一直放在桌子抽屜內，座位沒人坐，同學隨手把垃圾往抽屜放，當媽媽去教室要把大慶的課本帶回家，看到垃圾佔據孩子的課桌椅，覺得好被羞辱，但還是一直向老師說：「對不起，我的孩子不懂事……」，一方面把垃圾放到垃圾筒，整理後，一方面謝謝老師，走出教室，轉身眼淚簌簌流下來……

幾天後大慶回家，看到淚流滿面的母親，雖然知道媽媽要講同樣的委屈的話，很不想聽，但良心還是覺得對不起媽媽，於是打電話給阿平，討論明天兩人去上學。

翹課二人組回到學校，好學生看到覺得天下大亂，壞學生看到覺得英雄回歸，壞學生群聚開始製作水球，大家互拋，玩得不亦樂乎，大慶不知道哪裡來的膽，偷藏兩個水球躲在教室旁，看到導師，竟把兩顆水球，開玩笑的往導師身上拋，老師下課，放空走路，被突然的水球，炸在頭上爆開，老學究怎麼經得起這樣的羞辱，直奔學務處，要主任看看自己整身溼透的證據，執意要查出是那個學生膽大妄為？主任一直賠不是，急著去找出到底是那個兔仔子，惹出這個大麻煩？於是下課到處看，到處找，很多人突然不敢出聲，但眼睛又直直望著大慶與阿平。

主任很快揪出水球兇手，但要怎麼處罰？大慶與阿平早就不滿老學究，說是不小心但大家都知道其實是故意的，大慶與阿平被記大過二支，停學在家兩星期。

大過已記到沒感覺，有人已累積一百多支了，學校也莫可奈何，本來就不愛唸書，停學就更樂了。

愛玩的學生腦袋是沒有「反省」這兩個字的。

不用去學校，校外更多的學長或不去學校的同學。

阿東早就注意到這一票不愛念書的學弟們，最近進貨的K粉，也在想怎麼擁有客群。學長的身份、古惑仔的外型、竹聯幫角頭的身份，引來學弟的欽羨。

晚上籃球場上，打開一包K粉招待大家，學弟覺得真是大哥風範，大哥請小弟兄能隨意，這時沒人記起老師說的吸毒是犯法的行為，忘記父母叮嚀的毒品不可碰。

第一次請，第二次招待，第三次大家在籃球場，阿東不在，大家開始懷念起那個味道，突然有人說你出一百、我出一百，八個人湊個八百元，打電話給阿東，阿東接到叫貨電話，姍姍來遲，大家卻都很有耐心的等這一味，看到煩鏈袋裡的K粉，將白粉末與香菸製成K煙，點上打火機，塑膠臭味四溢，但抽得人都覺得好香，很多人罵這麼臭為何要抽？海畔有逐臭之夫啊，第一次頭暈，第二次想念，第三次就是沈迷啊！

大慶知道自己不愛唸書，好奇好玩的朋友，跟他們成為好朋友，自己怎麼會越走越遠，是不能自拔，還是不願自拔。

暗黑的籃球場的傳聞漸漸傳開，學校、少年隊開始搜索這一票，大慶也被移送了。

不想唸書，到校胡搞瞎搞，不回家，又再犯，父母也管不了，責付不宜，法官諭令收容。

關了一個月、兩個月、三個月，大慶跟調保官說想回學校唸書，奇怪以前學校請你去唸書都不去，關了你就想唸書？反正要唸書，關在少觀所視同在校唸書，不如就乖乖的待在少觀所，才不會對學校有破壞的行為。大慶又說想念同學，想要參加畢業典禮，媽媽擔心之前的朋友來找怎麼辦？大慶說那我去中和的阿姨家住，媽媽找阿姨商量，不捨外甥去作「鱸鰻」，也不捨姐姐每日的憂愁，阿姨於是答應了。

五月法官放大慶兩天出去考基測，讓他有成績可以找學校，二天後再回少觀所收容，六月畢業典禮前兩天，將少年責付出所，準備去參加畢業典禮。

畢業典禮大家看到大慶，好學生沒有排斥壞學生回來，壞學生沒有因為大慶回來掀起風暴，大慶擔心被關不得已要求自己，老師們都好慶幸有個平安的畢業典禮。

本來就不愛唸書，但承諾要唸書，只好隨便報一間市區的私立高職，大慶說要住阿姨家，阿姨家希望藉著慈濟的精神可以感化大慶，帶大慶去精舍靜坐、拜拜、假日參加活動或作回收，但大慶明顯能躲就躲，跟法官講好住到阿姨家，阿姨其實也嚇到，不是說要改嗎？怎麼管不住了，暑假大慶白天回到湖汐的家，晚上請爸爸載回阿姨家北和過夜，白天又早早的回湖汐，八月底大慶就偷偷跑回湖汐的家住了。

庭上孩子所有的承諾都是風中的過往，大家要計較什麼？

九月開學了，白衣短褲進到學校，學校有學生一、兩千人，調保官還能接到教官電話抱怨大慶服裝儀容不合格、偷抽煙……等等，調保官問大慶：「你就不能把衣服穿好去上學嗎？」，「想抽煙，不會技術好一點，不要被抓到嗎？」，「不是說要好好上學嗎？為什麼所有科目都不及格，操行也不及格？」，大慶說：「我有去上課呀！」，只是仍維持國中隨意的個性，什麼都不當心，高一上老師不想跟少年浪費時間，請媽媽來學校幫大慶辦休學。

媽媽四處想辦法，找到認識的教會，大家邀少年一起學習，媽媽求說：「試試看好麼？」，結果大慶卻有各種理由搪塞。

一個十六歲的孩子，因為好奇走差了路，好心的人雖然設了各種路障，想讓孩子不往黑路上走去，但他除了怕被關外，真的想往另一邊的康莊大道嗎？

調保官也讓大慶作了興趣測驗，不知是真的沒興趣，還是亂填，全部的項目都低於百分之二十，從整個測驗與大慶的過往，再再顯示對人生的煩悶。

對於這個不遵守承諾、不懂事、無所謂的孩子，調保官真想把他送進去關，看他能不能再醒醒。

但對不願醒的人，關他有用嗎？

大慶有毒品的問題，調保官邀大慶與家長來盼望戒毒團體，盼望是協助有毒品議題孩子的地方，藉著團體討論，學習好方法，修正自己或遇到的問題。因為媽媽工作較累，爸爸勉強陪大慶來，在活動時爸爸總是找理由偷偷跑到車上休息，調保官找到爸爸時就說坐骨神經痛，不能坐，不能動。

大慶被調保官看著，除了偷偷到門外抽根煙，也不好到處亂跑。

雖然大家都是青少年，但來了團體也發現這是各路二哥的集合地，阿良在林地赫赫有名，有在混的無人不知，為何他會出現在盼望，而且躲在教會裡不出去？

很多少年來這裡最大的收獲就是「我看到了有名的阿良」，阿良分享他的改變，阿良現在教會，以前砍人流血成河，現在阿良放下刀子，拿起吉他練習，發現自己的音樂天賦，又學了鋼琴，大家唱詩歌，阿良當起了伴奏，大家競相走告。

大家也看到高大挺拔的阿興，國中小好會唸書，很有愛心，國中會關心不愛唸書的同學，哪知有人拿給他K煙，他說哥們沒有什麼不可以的，從此黑白一起，跟好的人時，積極進取，晚上哥兒們找，K煙相伴，友誼是溫柔鄉，相知相惜，每次驗尿都是陽性反應，到盼望團體一段時間後，阿興也變成大家關注的焦點，他願意跟著教會出國服務，到日本大地震、菲律賓的貧民窟幫忙蓋房子，這些阿興都沒有叫累，他總是最辛苦、流汗最多的，他跟大家去柬埔寨孤兒院陪小孩躲貓貓，背小孩騎馬打仗，阿興都是那個最陽光的大男孩，但因為內心的柔軟，他糾葛在黑白中，無法割捨。

在盼望另一個案例是，一個有女人緣的學長阿進，他童稚般的笑容，吸引好多女孩投懷送抱，清純的、酒店的，他來者不拒。他很喜歡分享自己在「盼望」的改變，只是情緒不穩定，這時好好的，但下一刻內心的變動，也能叫小弟把人砍了，他父親總期望阿進能有徹底改變的那一天，但阿進每一天在人面前說好，後面毒品、球板、酒店經紀、砍人、被砍卻沒有改變，有天他被砍了十幾刀，手瘸了，衣服下都是傷疤，雖然老天仍保留了他俊美的臉龐，但阿進繼續流連自己的世界，父親夜夜等門，直到有一天，身體不適的父親，檢查罹患肝癌……。

大慶在團體看到這些二哥們的故事，自己書唸不下，也怕被關，但不知道要做什麼，調保官要求大慶要工作，大慶找了一間五金雜貨禮品店，以前很多兄弟調保官要求工作，好像會找這間罩一下，大慶不得已也去應徵，其他的朋友都只是勉強工作，幾個月就走了，但不知怎麼的，大慶到了這裡卻轉了性似的任勞任怨，鋪貨、站櫃台、早班、晚班，沒理由的工作下來，以前搞不清楚自己能作什麼，作什麼都煩悶，可是現在好像能聽進老闆的要求，即使嘮叨的大姐在旁邊，他竟然可以忍下來，工作半年後每月薪水兩萬二，工作一年後每月薪水兩萬七，工作兩年老闆已叫大慶管理一家分店，薪水每個月到了三萬多，不愛唸書的大慶，有一天老闆跟他說拿個高中學歷很重要，大慶聽進老闆的話，報了間學店高中夜間部，只要有到學校，就可以拿學歷，大慶除了參加盼望的時間請假外，其他都有到學校上課。

大慶的改變成了「盼望」的傳奇，看了不作二哥的阿良，黑白無法斷線的阿興，父親等門生病的阿進，大慶在團體屬於低調不講話，從國二一百四十六公分，到近二十歲的一百七十六公分，傳奇的大慶變回高瘦乾淨，之前在籃球上的八兄弟，賣毒的阿東進了監獄，學長阿進雖然有參加「盼望」，但沒意願改變，酒色毒賭，案子背了一堆，阿旺跟著林森北路的老大，把自己送進輔育院，出來還是走老路，還有幾個加入中山聯盟，亂出殺警案，媒體鬧那麼大，也沒在害怕，黑幫當事業，繼續跟警方玩捉迷藏。

大慶躲在自己改變的路上，以前好奇，跟著朋友墜入五里霧中，迷迷濛濛，漸漸爬出，看著朋友仍不在乎的在黑暗中，奮不顧身，蟄伏前進，不肯回頭，自己已跟朋友們走向雙叉路了。

偶而他回頭看，感覺自己的孤單，每天FACEBOOK或LINE叮叮咚咚的呼叫，大慶要一直跟朋友說自己要工作要唸書，忍住不跟朋友去混，但看到朋友出事又好慶幸自己沒過去。當他忍到不能忍時，就打電話給調保官或社工討拍一下，經歷很辛苦的獨處與孤單的訓練，無形中也訓練自己的心志力量，有一天大慶傳一段話給調保官：「寂莫讓人痛苦，耐得住寂寞，讓人自由」，幾年苦熬，大慶高中畢業了，老闆、社工、調保官開心地參加大慶的畢業典禮。

接著，認真想了想自己的未來，大慶投入了軍旅，選擇作一個海軍蛙人，有勇氣做流氓，就要有勇氣回頭，更要有勇氣給自己一條更辛苦的道路，雖然一直不了解自己，但也好像越來越了解自己了。

阿平呢？

國二後從沒好好進學校，國中會考，進考場考猜題，有個一B二C成績，另外兩科睡過頭沒去考，那年是考制改變第一年，填選志願充滿了意外，誰也沒想到一B二C，竟然上了市立高商夜間部，那校服多帥啊，穿在身上充滿了面子，阿平在眾人懷疑的眼光中，進入公立高商夜間部就讀，第一年只穿校服不唸書，行為我行我素，為免被退學，一上就先辦休學，第二年復學，少年突然發現自己的會計的天份，沒什麼準備竟可考八十分，贏過一票人，漸漸有興趣到學校，公立學校沒有退學制度，也很關心阿平，但阿平為何一直無照駕駛被抓，罰單累計到薪台幣二十幾萬元呢？老師講不聽，告狀要調保官好好管阿平，有一天警察移送阿平，發現他身上有四十包毒咖啡，他在做毒品販賣，調保官終於了解阿平為何執意要騎機車，原來是方便作生意，賣毒案件屬於有期徒行五年以上的徒刑，正愁沒理由管束阿平，開庭請求法官收容，準備移送檢察官送少年監獄，這時陪阿平來開庭的導師與教官都突然為少年講話，說少年有會計的天份值得好好栽培，希望給阿平回學校讀書的機會，奇怪了學校一直跟法院告狀，好不容易可以將阿平趕出學校，為何還要為阿平說話，調保官開了條件請法官裁決：「不得無照騎機車，不得在校違規行為，不要讓調保官接到學校告狀電話，每星期到法院驗尿，陽性反應即刻開庭、接受諮商師的輔導」，法官諭令阿平遵守規定，違反依法處理，我們猜阿平撐不過兩個月。但他考過駕照了，白天在一間知名豬排店好好工作，薪水分期繳交了機車二十幾萬的罰款，但看著很多的哥哥們，心裏一直飄著該往右走或往左走？

三、小杰，問題沒有了嗎？不會那麼簡單的！

每一個曾經沈迷的人，想從苦難中轉折，除了孩子，爸爸媽媽也都須要更多教養的知識，才能一起走過困境，修復自己或彼此，問題沒有了嗎？不會那麼簡單的，我們懷著勇氣繼續走，小杰爸爸、媽媽……。

上課坐不住，只喜歡體育課，國二數學變難，物理、化學進來更是棄守，追不上課業好的那一群，小杰無聊，想悠遊探索這個世界，爸爸擔心小杰變壞，把腳踏車鎖住，但能鎖住腳踏車卻鎖不住小杰想飛的心。國三小杰偷了一部腳踏車，騎車遊逛住家外圍的世界，但很快地就被警察抓到，移送法院，法官請家長了解孩子進入青春期，對外面的世界想不斷的探索，平時要多花些時間陪伴孩子開始他人生的下個階段，這次犯錯可以給孩子一個機會認識社會真實的面貌，希望他下次不要再犯錯。

小杰終於國三畢業，因為不喜歡讀書，就隨便報了一間高職，每天搖頭晃腦去上學，由於沒人啟發他，他也找不到上課的目標，沒多久就休學了。既然對讀書沒興趣，那就工作學一技之長吧？但對人生沒有認知的年紀，朋友邀約比工作責任感更吸引人，朋友之間彼此呼叫一下，就是抗拒不了的誘惑，於是網路上大家揪團湖緹看摩天輪，大重找朋友，麥當勞聊天，玩到半夜，沒有公車，沒有捷運，怎麼回家？小杰為朋友兩肋插刀，相中一輛沒拔鑰匙的機車，騎來把朋友一一載回家，自己回到家都天亮了，這時看著偷來的機車良心很不安，於是決定把機車騎到警局自首。

法官考量小杰犯後自首的行為，父母有心教養，暫不裁決，予以觀察，觀察期間要小杰到老人院服務，大家以為小杰會好好反省自己的行為，到了星期六老人院服務的日子，小杰卻整晚跟朋友混至天亮後，再趕到老人院，陪伴老人玩遊戲時，小杰自己還打瞌睡，調保官懷疑小杰因為毒品問題，半夜不睡覺也沒辦法工作，追查到底，發現小杰已經跟湖景的毒品及檳榔攤、陣頭、宮廟接頭上了。

有一次，有朋友嗆來嗆去，小杰被叫去相挺，因為吸毒後到場，經不起對方的挑釁，忍不住就第一拳出手，引發出兩方大戰，後來又被移送到法院，觀察期間再犯，調保官調查再次約見他的爸媽，只覺得他父母是一對已被孩子折磨與撕毀的夫妻。

小杰的爸爸是水電工，每天跟著工地跑，搬上搬下、日曬雨淋，黝黑的皮膚，粗糙的手皮，刻記工作的辛勞，媽媽為貼補家用，每天去作幾個小時的清潔工，爸爸下班回來看不到小杰，罵媽媽：「你是怎麼教孩子的？」，媽媽生氣回：「孩子是我一個人的嗎？」，再罵來罵去，結果只有更傷人……。

小杰不知玩到哪裡去了，半夜偷偷回到家，看到客廳嘆氣的爸爸與不說話的媽媽，覺得回家沒意思，睡到隔天下午又出去了，爸爸下工回家看不到小杰，又大嘆一口氣，媽媽懶得理，家就像冰庫一樣。

有一天小杰騎機車，發生了車禍，頭部身體都是傷，但在急診室包紮後，就沒去複診了，之前我看他的驗尿報告有毒品反應，這次車禍跟毒駕應該脫不了干係。

法官開庭的時間到了，由於小杰生活混亂，交友失控，責付不宜，只好諭令收容。

一個有分心問題，課業無進展的孩子，赤手空拳與這個世界交陪，掉進黑暗的陷阱，夫妻因孩子的問題，婚姻陷入了危機，問題是這個孩子，溺水的卻是爸媽。

調保官請媽媽參加跳跳虎成長團體，爸爸參加盼望戒毒支持團體。

跳跳虎是過動兒的代稱，過動症ADHD分有過動，分心，衝動控制等不同或複合面向，因腦部額葉皮質下迴路的功能異常生理因素，孩子常被歸類調皮，搗蛋，白目，衝動，愛生氣，惹怒別人，很多人就以壞孩子代稱，但這些孩子本性善良，行為不能控制，影響學習效果，經常被誤會，以至被霸凌，負向學習改為霸凌別人，孩子不是故意，醫界現在已經發展出，用藥物與行為治療方式來治療過動兒了。

小杰媽媽來到跳跳虎後，發現很多的孩子都跟自己的孩子有類似的成長過程，但孩子在這裡學習認識自己，媽媽們學習用接納的方式來了解孩子的不一樣，用更大的包容力量來接受孩子惹出來的麻煩，法院體系與調保官跟父母一起協助家庭建立孩子的界限，不要讓父母在接納孩子與管教孩子中有過大的衝突。

小杰爸爸是一個不愛講話的人，他說他工作很辛苦，很累，晚上還要來什麼團體，對一個這樣的勞工人員講出抱怨的話，調保官可以理解，但父母因孩子的叛逆，造成夫妻感情撕裂，我們除了教育小孩外，還要教育父母，對他們都要進行辛苦的修復過程。

很奇妙地爸爸每兩星期四晚上來到盼望團體，爸爸靜靜的進入團體一起唱詩歌，破冰玩遊戲，孩子們突破困難、克服毒品的訓練，媽媽小組、爸爸小組，有些過來人的分享，漸漸中好像也改變了父母。

收容幾個月後，法官調查清楚，孩子混亂整頓，責付家長，為讓小杰與爸爸有較多互動的機會，請小杰與爸爸一起參加盼望團體。

接著，小杰在開庭所講的，要去親戚的餐廳工作，出所後，餐廳沒缺，小杰沒能順利去工作，後來小杰跟父親到盼望，驗尿驗出『偽陰性』反應（吸毒退藥中），顯示小杰可能又去找以前的朋友鬼混了，調保官提醒小杰，他仍在觀察中，情況若嚴重，仍需再回少觀所，希望給他一些壓力，免得又再犯錯。

幾天後，我接到小杰爸爸的電話，平實不多話的爸爸在電話中說小杰孩沒找到工作，也仍耽心小杰，希望他不要再發生事情，但牧師（盼望爸爸小組的帶領人）說我們要理解孩子，不要一直罵孩子，電話那邊傳來父親的啜泣聲：「我的心好難過，希望孩子懂事，不然他會再去關」，我聽到爸爸的哭泣聲，鐵漢柔情，爸爸修整了自己的內心，但孩子探索世界的心，仍不是我們要他乖，他就能做到的，爸爸的哭聲傳達了對孩子的愛與難過、無奈、不捨與自己的心痛。

小杰這時候接到兵單，很快地去當兵了，當兵是男孩蛻變長大的過程，穿上軍服，穩定的作息，每個男孩雄糾糾、氣昂昂。

媽媽在跳跳虎團體，學習到當在孩子混亂時，不要被孩子的情緒碰撞得一團亂，讓她了解，家長教導孩子要有樂觀的心，不隨便生氣，多鼓勵孩子，讓孩子學會承擔後果與永不放棄的信念。尤其當媽媽看到別人的孩子也有同樣問題時，就不會覺得自己很糟，對現在不太懂事的孩子也不要太心急，繼續陪伴與等待孩子懂事的契機。我們看到以前瘦弱，在家無助與先生感情不知怎麼辦的媽媽，漸漸出現了笑容，漸漸的在改變，每月跳跳虎時間，她會排除萬難，安排工作休假，穩定出席與參與，我們知道小杰媽媽也進步了。

當兵放假的星期六，小杰會到法院讓調保官了解他的情況，加強身心建康教育與法律常識，爸爸也會陪小杰來上課，小杰說以前回到家看到父母繃著臉感覺好冰冷，現在回到家看到父母的笑容，父親說之前不知要如何了解這個犯錯的孩子，看到孩子做了壞事也不知道該怎麼辦？只想到他又要作什麼壞事，現在看到孩子，就告訴自己他就是我的孩子，要耐心聽孩子說話，要了解孩子想什麼？

有一次，媽媽跟我說夫妻吵架好多年了，但自從爸爸參加了盼望，了解可以如何陪伴孩子，可以慢慢聽孩子說話，有一天爸爸下班，還拿了一杯飲料給我，說妳喝喝，媽媽分享和爸爸二人感情的互動，好像回到初戀時，兩人互相疼惜的感覺又回來了。

小杰退伍後已經沒有理由不找工作了，但說要找工作，朋友又會來找他混，那時去應徵也沒有什麼結果，如果一直拖時間，黑暗就慢慢又會越過來了。

一個月過去了，沒找到工作，二個月後驗尿也逐漸出現有毒反應，調保官跟小杰說你先去咖啡車訓練，小杰不知是不想工作還是一直找理由不去，此時如果讓小杰又被染黑，不如讓他去輔育院學一技之長。

小杰雖與父母改善了關係，但朋友來找，小杰很難拒絕，漸漸晚回家，父母等孩子的夢靨又漸漸回來了。

調保官要他去咖啡車學習，他說「騎著咖啡車賣咖啡好像白痴，我就是要作餐廳」，到底是真的還是玩樂的藉口？為了不讓小杰有再掉進毒品世界的理由，調保官給他一星期內開始去工作，不然就先去咖啡車學習，如果不要，就去輔育院。

到了咖啡車開班的日子，這時小杰說找到了韓國料理的工作，是真的嗎？我請爸爸先去小杰店裡看看，回報給我，看著父子兩人一起討論什麼時候去看，孩子感受爸爸關心的行動，付出的心意，兩人臉上有了不一樣的氣色。

在調保官草船借箭的壓力下，小杰在韓國料理店工作了，漸漸從代班，晚班，白天班到正職，老闆覺得有天份的小杰是個好幫手，那天調保官在店裡，看到小杰工作很上手的笑容。

每一個曾經沈迷的人，想從苦難中轉折，除了孩子，爸爸媽媽也都須要更多教養的知識，才能一起走過困境，曾經我們都在不知所措，痛不欲生，但在黑暗中，看到光亮，鼓起勇氣，修復自己或彼此，問題沒有了嗎？不會那麼簡單的，我們懷著勇氣繼續走，小杰爸爸、媽媽……。

四、小蓮，那朵污泥中的白蓮花

不是妳的錯，過去了，不是妳的錯。歷經許多不堪的人事，現在是綻放的蓮花，已然獨立，不再為誰而開。

一、

身份證父親欄是空白的，小蓮從沒有見過爸爸。

自小跟著媽媽流浪，記得五、六歲時，媽媽認識一個叔叔，媽媽常帶著小蓮去他家，在昏暗的房間看到媽媽拿著針筒在叔叔的手部，腳部找有血管的地方注射四號。媽媽是感情無所依的人，看到枯木就會寄生上去，過了兩、三年，叔叔被警察抓去關了。

後來的家是寄居在一個叫乾爺爺的四樓公寓裡，媽媽神智不清，經常說有好幾個神明附在她身上，爺爺在家開起了道壇，媽媽當起了仙姑。

有人來問事，媽媽等了一下，好像神明附身，自言自語，爺爺在旁解釋說；「祖先不平安，神明說要『祭解』」，問事者總會花大錢買香燒金，求得心靈上的安寧。

國小二年級時，爺爺開始對小蓮上下其手，撫摸胸部，用腳環起小蓮，舌頭舔著小蓮的臉部，小蓮一直要躲開，但爺爺反而抓著更緊，抓小蓮的手去摸爺爺的下體……。

遇到這種情況，小二的孩子能感受到的只有驚嚇，但還不能知道這些代表什麼，接連幾次，小蓮跟媽媽說，媽媽不以為意，只叫小蓮不要亂講。

爺爺猙獰的眼神，硬起來的陰莖，對小蓮的用力，射出來的汁液，小蓮越來越不喜歡回家，每天放學，就在公園遊蕩，一直到很晚才回家。

小五學校上兩性關係健康教育課，小蓮才知道爺爺的行為是要小蓮幫他打手槍，再次跟媽媽說，媽媽還是沒有回應，自己的母親反而成為最不能信任與保護她的人。

因為常常不敢回家，不想回家，國一之後有人收留小蓮，以為安全了，但收留他的老大，要小蓮當他的女朋友，直接騎上了小蓮，但誰會相信這是強暴行為呢？一個從小就在外游蕩到處住別人家的女孩，若告上法院，證據不完全，法官也不能定老大的罪。

身體已像一堆汙泥，無一處清白，小蓮選擇離家，選擇自己可以依偎的地方，男友是湖塘的毒品流氓世家，家裡K他命，搖頭丸，安非他命流竄，就像煙毒館，醒了吸食，暈了就睡，流氓沒在怕，警察來了，抓到就去關，一大家子輪流休息，有免費的牢飯可以吃，出獄就接手生意，小蓮就躲在男友家，很少去學校，沒人找得到小蓮。

汙泥靠在一潭死水，小蓮從稚嫩的小女孩長成婷婷玉立的少女，皮膚白晰，豐腴小山丘如波的胸海，誰家有女初長成，男友家人毒不離口，小蓮偶而也來幾口，但她真的討厭那個塑膠味，有一天警察抄了男友家，小蓮也被移送法院，因找不到小蓮的媽媽，開庭就延宕著。

小蓮想這是我的人生嗎？於是跟男友說分手？男友沒有多留她。

自己找到火鍋店工作，也搬到新和，一個月賺二萬多元，養活自己，沒有去學校，小蓮自己看很多書，小蓮雖不會英文、數學，但有關生命與心靈成長的書籍很能理解，沒有父母的保護，書就是小蓮的老師、父親、母親，小蓮的智識反而深廣，工作的場合，很快有人搭煽，交了男友，她以為男友是船泊，可以上船取暖，但船舶靠岸後，也會迎接其他女人，男友劈腿，小蓮就離開了。

男人是色鬼、老色狼、強暴犯、吸毒、流氓、劈腿，從小二到國三，看到的男生就是這些面目，男人也像自己的父親，上了母親就離開。

小蓮終於對男人鎖了心門，有女生看到小蓮的寂寞，主動示好，女朋友的溫柔讓小蓮感覺暖和了，搬進女友的家，每天為女友煮飯洗衣，好好過一個人該有的生活，這年小蓮大量的閱讀，小蓮也發現自己有琴藝書畫歌舞的天份，像在髒黑的汙泥長出的蓮花。

女朋友很愛小蓮，給小蓮穩定的生活，但感情是風，風向一轉，愛就不再了，女朋友愛上其他人，小蓮就離開了。

憑著脫俗的外表，清新的氣質，合誼的談吐，小蓮很快找到高級餐廳服務生工作，三十幾歲的老闆聽到小蓮的故事，留下眼淚，想起自己的妹妹也曾有一段混頓不清，尋找人生方向的故事，妹妹現在開了花店，可以把自己照顧好，老闆將心比心，像大叔般的照顧小蓮。

老闆跟小蓮分享如何經營一家店，小蓮學得很認真，開啟學習的潛能，成本控制、裝潢、店面管理，不須很多時間就吸收內化成自己的能力，比剛來懞懂羞澀的打工大學生聰慧很多，薪水很快升到三萬多，是店裡最得力的助手。

有一天警察來店裡，大概看了一下，打了小蓮的記錄，協尋三年多，十三歲到十六歲，小蓮自己都不知道，因為找不到媽媽，也不能責付給老闆，小蓮被關進少觀所。

三年前案子剛發生時，少調官一直找不到小蓮，三年後終於看到小蓮，少調官去看看小蓮所講的工作地，真的是網路所講的一家高級法式居酒屋，人氣很旺，好多名人都推薦。

因為小蓮所講的很多要了解，小蓮需要待在少觀所，剛好有才藝老師來教唱，打鼓與跳舞，小蓮這段時間發揮天賦，接受培訓，在發表會上，小蓮充滿感情的歌聲，與同伴的熱舞及充滿戰鬥力的鼓聲，小蓮像朵亮麗的蓮花綻放，吸引觀賞者的眼光，掌聲不斷。

調查三個月後，小蓮非主事者，法官釋放了小蓮。

小蓮重獲自由，工作更認真，儀態更脫俗，氣質更優雅，不管在那裡都獲得注目與憐愛，每每邀約，小蓮只是點頭微笑。

小蓮的心鎖了，身體冷了，她是出淤泥而生，歷經許多不堪的人事，現在是綻放的蓮花，已然獨立，不再為誰而開，自己如處子在風中生姿，出汙泥不想再染，孤芳……只願自賞。

二、

剛開始接到調查時，小蓮成迷，沒有人知道她在哪裡，社工說小蓮是有名湖塘毒品世家阿X的女友，母親的手機是空號，沒人找得到。

三年後我在訊問室看到小蓮，小蓮懞懂的表示多年來不知道自己的案子到底有沒有事？當警察跟小蓮說被協尋（通緝），法官怕又找不到小蓮，案子須要審理，責付不能收容，小蓮沒有呼天搶地，靜靜的接受該來的一切。

之後我慢慢聽著小蓮陳述小時候母親不能保護自己，每次被侵犯母親都說是小蓮的錯或叫她不要說時，小蓮只能選擇離家越來越遠。

像愛麗斯歷險黑暗王國、男人國、女人國，內在的小孩在路途中不知所措，外在的自己為了找安全港，一步一步走在險棋中，自己也要當父母來愛那個，一直喊媽保護的小小蓮。

小孩、自己、父母，三個角色，小蓮要自我統合，是辛苦的，但小蓮又很勇敢，只要能走的路，就往前，錯了就換路，不怕險境，不怕辛苦，不怕離開，當生命在父親欄是空格時，就需要學習放下羞愧。

在小蓮的生命路徑中我看到「韌力」兩個字，生活中的不幸、痛苦、難過、傷悲給人帶來難題，有人因為要過關，把這些難題當成養分，激發潛力，反而有所突破。

小蓮把童年或感情的種種不幸，努力反白，長期沒有去學校，生命遇見的事件就當成老師，人際關係學習應對進退，是非對錯，大量的閱讀，涵養小蓮的氣質，如果不是案子進來，真的會以為是哪家的父母把孩子養得談吐合誼，才華洋溢。

沒有家人的資源，我幫小蓮找了幾個社福單位看是否能經濟上給予補助，但小蓮自己工作很認真，雖然很辛苦，一點都不想申請補助，讓我看到天無絕人之路，有意願的人會讓的生命困境都變成風景。

每次談自己的故事，小蓮是勇敢的，有人閒語小蓮因為可憐才要那麼認真，小蓮不怕打擊，夢想開一間有設計感的餐飲店，工作很辛苦，身體很疲憊，堅強成了生命最重要的選擇。

小蓮在汙泥中開花，有很多追求者，但在感情上真的卻步了，沒辦法再跟男生或女生有親密行為，交談可以，但當開始牽手，小蓮身體整個收縮、不安、冒冷汗，小蓮不知道自己還要多久，才能與親密的人在一起能感覺到愛而不是被侵犯，雖然每個生命都會自己找出口，小蓮讓自己外表積極進取，但每晚爺爺對她身體的糾結，在夢中盤旋迴盪，自己在冷汗中不知所措，醒來一直要跟那個曾經的小小蓮說沒事的，不是妳的錯，過去了，不是妳的錯。

店裡來了一個新來的廚師，長得性格帥氣，大多的女服務生，對他懷著崇拜的眼神，小蓮在自己的工作世界中，獨特的氣質，無形中吸引著這個廚師，兩人默默的在工作場域中不動聲色，所有的人感覺他們的氣流。

好久之後，他約了她，她說自己的故事，他牽著她的手，她流下眼淚，

他親吻她的淚滴，呢喃說「我知道、我知道」……。

兩個相同故事的人互相擁抱，就這麼安全信靠，沒人進一步，小蓮知道有人能愛她了。

五、未竟事物

我們太小或不懂，但就發生了我們未能滿足或超乎我們能夠解決的事件，幾年後，我們以為事件過去了，……但傷口偶而隱隱作痛，也有人受困在那邊，發展好多負向的行為出來，解救那個不知所措的孩子……

我在白板上寫下「未竟事物」，跟孩子與家長說，我們童年某些事件，不管過多久，其實一直影響著我們。

七個孩子的家庭，食指浩繁，每個孩子輪流穿別人給或哥哥姐姐傳下的衣服，記得很小的時候跟母親去市場，我看到童裝攤位高掛著紗的公主裝，我一直在那邊繞圈圈，暗示媽媽我在看什麼，但媽媽買完菜什麼都沒看到，直接把我帶走了。

不知怎麼的，以後我看到紗的衣物，心裡顫動，眼神閃亮，即使長大我穿過各式白紗洋裝，先生也為我買過美麗的婚紗，但直到現在我看到紗的衣飾店，仍會衝動走進店裡，偶而駐足在美麗的白紗的玻璃窗前觀看，即使是臉皮已皺的婦人了，心裡頭還是一個小小女孩的仰望。

大衛長得胖胖壯壯，小時候看到鄰居的小孩玩陀螺，有大大小小各式各樣的，他卻一個都沒有，後來他的朋友都不玩了，他有錢後，看到陀螺就愛買，關起門來，一個青春期的孩子，卻像小孩樣打著陀螺。

小勤小學發現罹患癌症，面臨生死交關，抽血、照光、化療、掉髮、嘔吐、虛弱，對一個年幼的孩子是恐怖、被迫要接受的事實，住院與身體及加護病房，無盡的囚禁與黑暗，當身體痊癒的那天，小勤把握自由的每一天，浮誇不受控，盡情享樂奔放的自由，在死神不知要出現的時候。

阿全從小功課就不好，爸爸還是鼓勵阿全在學校好好跟同學在一起，媽媽常不在身邊，她忙著到處賺錢，拿回越南的外婆家。阿全國中功課不好，朋友都去作流氓了，阿全整天跟著朋友一起玩，玩到最後，朋友圈裡就阿全拿到畢業證書，國中畢業後，那群朋友沒有人想再讀高中職了，就算有，大多朋友讀了一、兩間學校，就不再去唸書，專心作流氓，阿全是其中像流氓又不像流氓的學生，他先換了二間學校，換到第三間高職，被朋友叫去打架，判決結果法官要關他，阿全一直求情說：「捉我去關沒關係，但我不要被學校退學！！」，我問阿全你功課不好，為何還在意學校呢？他說：「父親說功課不好沒關係，但不管怎樣都要讀到高中畢業。」

法官讓少年用事假關了一個月，現在他安份的留在學校，流氓群中就他撐到高三，我想他一定會拿到畢業證書的。

大元高中休學，跟朋友顧賭場被警察抓到，保護官叫他找新的工作，但大元總是嫌正式的工作好累，做了一段時間受不了，大元就自己把老闆辭掉，然後就這樣一個月拖過一個月。其實大元個性很溫和，我去家裡看他，他大都待在家裡看電視。

有一天教室新來了個調皮的阿三，上課時基本的東西都聽不懂，懶得寫字，只會跟人打來鬧去，沒人要坐他旁邊，我請大元教阿三寫名字和填基本資料，並且要教阿三唸會一段課文，還要抄寫他唸的那段課文，我看大元面有難色，很無奈地接下這個任務，阿三也很快就坐到大元旁邊，忍耐完成保護官給他的任務，課程完成後，大元帶著阿三來我這裡唸課文給我聽，當我看到不受控的阿三把課文一個字一個字唸出來，有時不懂或忘記的字，大元會在旁邊再提醒他怎麼唸，像大哥哥耐心教小弟弟一樣，畫面很溫馨。從此每個月課程時間一到，阿三就會自動坐到大元身邊，他們完成彼此的任務。

有一天，我看著溫和的大元問他：「你明明很有能力，為什麼後來不唸書了呢？」大元想了想，說他小時候其實功課很好，但爸媽希望他更好，經常少一分打一下，要他填塞進更多的東西，漸漸他感覺自己再怎麼努力，都還是有更高的標準他達不到，在只有責罵沒有讚美和鼓勵下，國中畢業後他就不想唸書了，高中也休學，幾年過去了，還在家裡看電視。

小奇奶奶陪他一起來上課，小奇說，小時候父親就是個麻煩人物，一直在吸毒，母親跑了，又來了個繼母，繼母覺得小奇很煩，常常把小奇關在黑暗的廁所裡，一個被關在隔離空間的小孩，能感受到的就是驚嚇與害怕。而且他的成長過程裡，也許因為自己的家庭跟別人家不一樣，很多東西都沒有，為了滿足生活需要，小奇憑著本能，靠著偷竊滿足自己的需求，直到被警察抓到，查出父母都在吸毒，小奇被安排到安置單位居住，幾年後小奇煩了機構的規矩，自己跑到奶奶家住，奶奶生活也很辛苦，但奶奶可以慢慢陪著小奇，小奇不急著被人要求，看是否能從從容容的長大。

旁邊的奶奶，我請她談談自己的未竟事物？將近六十歲的她，像回到小孩時似的，呢喃地說著：「我媽媽不愛我」，眼淚簌簌而下。

「未竟事物」，在以前那個時代，我們太小或不懂，但就發生了我們未能滿足或超乎我們能夠解決的事件，幾年後，我們以為事件過去了，有人發展出超人的能力滿足自己，但傷口偶爾隱隱作痛，也有人受困在那邊，發展好多負向的行為出來，解救不知所措的孩子呢？

我請孩子與家長閉起眼睛，雙手交叉抱著自己的胸懷，告訴自己：「我知道小時候的你，對黑暗、死亡、貧窮、或家庭的吵架暴力，都不能應付，我知道你很害怕，不知所措，辛苦你了……。」

六、耐心等待，一條回家的道路！

孩子在黑暗、跌倒痛苦後的攀爬，是他創造自己的重要意義。

從那一天，孩子走在黑暗中，我們在陰霾裡了，心裡在下雨，像五根手指一根受傷，感覺全身都在痛。「他都不聽你們的話了，我們講的，他怎麼會聽？」孩子心扉緊閉，不回頭望，我們求救無門。

一切的一切耗盡，我們是只能向神訴說向神祈禱，祈願孩子選擇正義，有能力脫離邪惡的誘惑，惡魔的殘鬥，一日、二日……一年、二年……，有時都覺得神似乎聽不到，或忘記聽了。公公心細，看見我的憂傷，帶我問事，穿著白袍的師父，聽我說孩子在迷途，點頭了解，我眼淚簌簌而下。公公在素靜的禪廟，為孫子點上終年不滅的燭油燈，求佛主指引，每每到廟裡，公公以孫兒名義布施。公公到台北家裡探望，孩子避門，仍在自己的世界，公公輕喚，孩子兩眼迷茫。

幾年來孩子在這個家缺席了，大人心急作不了什麼，堂姊堂弟、表哥表弟群組邀不了孩子的加入，公公總安慰我不要太難過。但這是家裡惦記的孩子，每次回老家，大家輕聲問我好嗎？總想解釋我還好，任誰都看出我的心事。

謝謝你、對不起、請原諒我、我愛你，這本「零極限」，至少三個人送了我，每日經過孩子的門前，無數的默唸，祈求強大的正向心念磁場，「放手是成長的開始」，放在床頭每日閱讀，孩子在黑暗、跌倒痛苦後的攀爬，是他創造自己的重要意義。

……九年、十年，有天孩子好像在黑暗中甦醒，穿起襯衫與皮鞋，開始工作，我們看到他高大帥氣，像是一隻蝴蝶破蛹而出。我們珍惜這美好的時刻，孩子開著車回鄉下，母親節送上康奶馨給奶奶，父親節給阿公一個紅包，這是我們的孫子，過去大家沒有多問，爺爺輕拍，回家就好。

老家擺放多年的家族照裡，爺爺抱著七、八月的他，孩子眼神回望爺爺，那是兩人心繫的證明。

那天爺爺回天家了，在誦經聲中，孩子捧著爺爺的牌位，喚叫阿公回家了，爸爸拿的竹幡，在風裡飄動。

七、她

《二十四個比利》……所謂多重人格是受家暴或被性侵經驗的倖存者，發展出來的心理保護機制，協助自己面對衝突環境的適應，以免單一人格被逼成瘋子……

她的媽媽早年有一段婚姻，長期婆媳不和，十幾年後媽媽決定離婚，一個十幾歲的兒子留在前夫家。

有人介紹爸爸，兩人認識，很快有了孩子，匆忙結婚，因為認識短，相處時間不多，溝通不良，經濟不佳，經常為了錢吵架。

爸爸喝酒發洩情緒，發酒瘋就打人，打她、哥哥與媽媽。

爸爸收入不穩定，媽媽需要長時間外出工作。

留她與哥哥在家，爸爸發酒瘋打孩子出氣，她機警叫哥哥快跑，擋在父親前，哥哥仍留下來，大叫爸爸不要打，但那時她已全身是傷。

趁媽媽、哥哥不在，六歲時，爸爸開始撫摸她的身體，由上半身至下半身，由撫摸到指頭進入下體，至爸爸的身體進入她的身體，她喊痛，爸爸不管，她跟爸爸說「不要」，要跑掉，爸爸把她拖回來打說「我是你爸爸，為什麼不可以。」

完事後爸爸恐嚇她不可以把這件事跟媽媽、哥哥說，不然她會被打得更慘。

她一直不懂爸爸為何要脫光她的衣服、要摸她身體、要進到她身體，讓她痛苦不堪。

一直到小三時，自己看到電視，知道這樣會懷孕，她才了解爸爸對她作的是「強暴。」

小四她仍抗拒，爸爸還是像野獸撲向她，她覺得自己一輩子都不會安全。

小五她開始知道除了家裡，她能有外面的世界。

當爸爸打她時，她告訴朋友爸爸的獸行，朋友們聽了憤恨不平，糾眾打了她爸爸。

她的事，媽媽與哥哥才知道，媽媽尋求家暴協助系統與父親離婚，帶著兩個孩子住到另一個地方。

雖然脫離了爸爸的魔掌，但小五後她也進入另一個世界，那一群朋友抽煙、喝酒、翹家玩樂，爸爸對她性的「侵略」，也開啟了她性的「啟蒙」，她的需求比一般的小女孩來得早與大，因為性的「費洛蒙」吸引青少年、大人或老年人，大家都覺得她很好上，有人以毒品引誘她，讓她掉進安非他命與搖頭丸的陷阱。

與朋友偷竊機車，她進入法院的觀護系統。

像她這樣名聲被傳得很爛的女生，不會有什麼同年齡的好孩子願意跟她作朋友，她變得早熟……很會跟大人打交道，知道大人要什麼，察言觀色是她的維生漸漸的她有人格面具（榮格）的機制。

那個被爸爸強暴的小女孩是Ａ１，一直喊痛。

那個保護哥哥不要被打的太慘的妹妹是Ａ２，說哥哥快跑。

那個知道媽媽保護不了她的女孩是Ａ３，一直跟媽媽說我在這裡。

那個對男生索性，換取毒品的女孩是Ａ４，說我要。

那個玩樂、翹家，不在意一切的是Ａ５，讓哥哥與媽媽一直在煩惱。

那個偷偷割自己手腕，發洩害怕與不安的是A6，看到「血」才能放鬆，證明自己還活著。

那個到觀護人面前就會說我很好，我會離開毒品的是A7，知道如何應付大人的世界。

十四歲她因為不能克制吸毒，再吸下去可能會喪命，被送進了感化院。

在感化院雖可以離開毒品，但大家都是青春期的女孩，在那裡，她體驗的是霸凌與惡勢力的世界，隱藏或出頭不斷上演，風風雨雨過了一年多，終於出來，雖是解脫，但大家仍是相揪酒店、援交、上網、毒品。

毒品、性、援交的三角循環，她因援交被送進協助援交少女的中途學園。

在中途學園，年紀近十八歲，風暴期過去，較有耐心面對自己，終於把放棄多年的國中課業完成，也學習美髮的工作技巧，援交不幸少女的協助機構，擁有專業的諮商師協助，她的諮商師，是一個家內性侵的「倖存者」，她非常了解她的感受，不斷的鼓勵她有能力走出來，有這樣走出來的典範，她獲得力量。她覺得中途之家的經驗是愉快、充實與被理解的。

二年多後，她回到社區，憑著美髮技術，她找到美髮店的工作，但對性的需求，那個A4出來，她曾被餵過海洛因，也偶爾因為傷痛，那的A6出來，她以自傷來證明自己來活著。

可是現在有一個喜歡美髮工作的A8，讓她有成就感，為自己驕傲。也有一個喜歡閱讀，藉著閱讀不斷自我療癒的A9。

從十一歲到現在二十三歲，我認識她，她經常在我面前以A7面對我，不斷的告訴我她很好，但當我細問她的生活細項時，她會以A1或An出現，我能了解她在什麼狀態。

那天她告訴我有看過《二十四個比利》嗎？我說有，《二十四個比利》是一本多重人格的小說與專書，所謂多重人格是受家暴或被性侵經驗的倖存者，發展出來的心理保護機制，協助自己面對衝突環境的適應，以免單一人格被逼成瘋子，雖然多重人格有些人不了解，也認為他們是瘋子，精神醫學有時以戲劇性人格統稱，覺得這種無藥可醫，只能靠著諮商讓案主了解自己的Ａ１、Ａ２、Ａ３……Ａｎ等，學習與各種人格和諧相處與適應等。

這本書讓她獲得啟發，知道自己的有人格面具保護機制，也是那個藉著不斷閱讀，自我療癒的Ａ９，發生的效果，讓我放心不少。

這次見面她說：「觀護人，我現在很好，生活正常，能工作，也對自己較了解，不會隨便再依附感情，懂得自我保護與情緒表達。」

我似乎知道不是那個討好的Ａ７出現，而是知道自己傷痛、釋放傷痛，有能力自癒的統合Ａ，——「她。」

八、何處是兒家

一個找不到位置的孩子，街頭、紙板可能就是他的家，

我在想，一枝草、一點露……

他長得賊頭賊腦，眼神經常飄離，因為在便利商店偷糖果、清涼雜誌被送進法院了。

他有在學的資格，特教班的老師用心教他，像慈母般的保護他，但他獨樹一格，在特教班太聰明，在普通班過於躁動，不斷有人想打他，學校罩不定他，只想趁他犯法，看是否有機會把他送走。

調查時，爸爸不斷的抱怨這個孩子，看孩子反應還可以應對，調保官請有善心願幫助窮困的機車行老闆訓練看看是否能學一技之長，在機車行第一個晚上的半夜，他摸了其他學習技術孩子的屁股，引起大家的抗議，老闆很快把他退貨了。

調保官一直在評估，看他有精神科就醫記錄，安排住院評估，但他跟精神病友瘋癲、躁狂不一樣，比較後只是精神過動，醫生不忍餵藥讓他兩眼呆滯或一直昏睡，可是他就像病院的公蝴蝶，騷擾女病友，醫師診斷非精神病慢性化，開過動藥請父親帶回家。

父親鄉野的個性秉持不打不成器，對零用錢斤斤計較，作錯事關在家，他躁動愛頂嘴，父子像暴怒的獅子與愛叫小狗的對戰，父親不願訓練孩子按時服藥，他躁動引發偷便利商店零食，青春期的性探索，偷竊清涼刊物，父親覺得孩子讓自己丟臉，不是怒打就是趕出家門，左右鄰居或商店屢屢通報113，罰款父親不繳，親職教育不會到場。

他的生母是個外籍新娘，生下孩子後與父親不合，回家鄉了，父親看他滿十八歲了，打電話給生母，要把他送她那邊，懷著對孩子的愧疚，生母來台灣試著跟孩子相處，但他看到媽媽太高興了，一直要東要西，整天不停的講話，半夜對媽媽像對異性的磨襯，生母嚇到了，跟爸爸說自己沒能力帶孩子，很快跑回國了。

我們評估對性的界線，需要學習分辯與訓練，法官把他關到少觀所，孩子跟其他孩子同房，大哥兇狠，孩子半夜不敢動手動腳，但孩子不斷講話，同房的受不了，密謀動手打他，管理員發現，很快調到獨居房，他竟然一直對管理員說話，管理員受不了，請少觀所打電話來法院教訓：變態的要送去精神病院，不是關在少觀所，法官承擔抱怨的壓力，將孩子收容到一定期限，讓孩子知道犯法要承受被關的痛苦，才把他放出來。

孩子責付（交保）父親，父親生氣孩子，將他像小狗丟在陽台，不能進家門生活，我們以為他會抱怨，但他說陽台有個棚子躲雨或太陽，爸爸也有給一條毛毯能蓋，半夜不會冷，自己可以靠著窗台的燈光一直看各地撿來的漫畫或書本。

他很愛閱讀，小時候一個親戚教會背心經，他常常自創劇本，內心無限的感覺，像個說書員活在不同的時空，大家常驚嘆他似有兩人的天才，驚嘆後，原來是個阿答，幼年缺乏雙親的撫慰，長大偷摸人家，在現實世界犯了大忌。

心理評估師雄哥跟我討論，要訓練孩子按時服用過動藥物、與基本生存能力及互動界限，他像個大哥哥訓練一個情緒不能分辨的弟弟。

每天雄哥訓練孩子掃地、拖地後可以看三本漫畫，幫忙訂教材後，可以有六十元去買自己愛吃的午餐，頓時孩子成了我們有用的小幫手。有一天教室傳來菊花台的鋼琴與歌聲，大家發現了他的音樂天份，把他帶去音樂老師那邊，老師說他好有天份，只要好好訓練不輸任何孩子。

有一天孩子打電話來，說父親拿刀要殺他，之後我們了解是因為爸爸覺得他來我們這邊訓練太爽了，又有漫畫看、又有鋼琴彈，父親覺得不打不成器，把孩子激怒成一隻亂叫的小狗，趕出家門。

雄哥安慰我如果爸爸不能改善激怒孩子的管教方式，他成為街友是我們該有的心理準備，雄哥把自己的睡袋送給孩子，並帶他認識有送餐或沖水洗澡的街友服務站。

十幾天孩子沒有跟我們連絡，有一天一個會關心街友的教堂傳道打電話給雄哥表示：孩子說他在法院保護管束，有關心他的雄哥與調保官。孩子在北海夜市流浪，雄哥先去探望，孩子看到雄哥好高興，他說自己睡在夜市的角落，半夜幫忙夜市收攤可以得到兩百元，當自己的生活費，有一個流浪漢哥哥會關心他。

社福單位後來把他安排到游民收容所，孩子初到收容所只能在靠近大門的外圍過活，吃飯四散坐，沒有電視看，有通過建康檢查與團體生活訓練，才可以到內圈生活，可以有圓桌一起吃飯，有電視可以看。

另一個社福單位以心障人口名額安排他到有名的牛排店工作，孩子無厘頭的碎碎唸，有名牛排店怕砸了自己的招牌，不到一星期就跟社福單位退貨。

之前評估他到精神人口的中途之家，也覺得孩子容易騷擾人，怕其他病友抗議，決定不能入住。

他在游民收容所一段時間後，調保官去探望，孩子熱情的打招呼，社工與舍友看到我好像看到救星，大家紛紛抱怨：「他好吵，一直說話害我半夜十二點還不能睡」、「他半夜偷摸我屁股」、社工反應有人錢丟了，遊民收容所可能不能讓他住了。

一個找不到位置的孩子，街頭、紙板可能就是他的家，我在想，一枝草、一點露。

九、你要跟誰？

爸媽鬧離婚的時候，一直問阿青要跟誰？阿青誰都沒有選……

在林森北路的酒店，吸食K他命，搖頭丸，安非他命被送進法院，媽媽陪同阿青來調查。

家裡爸爸作檳榔生意，投資失敗，一直想要翻本，媽媽跟娘家借了好幾百萬幫忙，但鬥不過黑吃黑，七、八百萬兩三年內化為烏有，媽媽跟娘家借來賠掉的錢，到底是爸爸的債務還是媽媽的債務，兩人互相推諉，也打起了離婚官司，兩個孩子的監護權他們都搶著要，四人住在爺爺奶奶的房子，爸爸不想跟媽媽吵，自己搬到外面住，媽媽每天跟阿青與弟弟說爸爸多惡劣，生意失敗又不還錢，害她欠外婆舅舅好幾百萬，叫兄弟倆一定要跟著媽媽，爸爸偶爾打電話給阿青說自己在外做工，經濟很苦，對不起他與弟弟，阿青聽了覺得爸爸好可憐，一點都沒有討厭他。

法院開庭，媽媽聲請兩個孩子到法庭上作證，說爸爸沒有盡責照顧家庭，但當法官問起孩子對爸爸的感覺時，阿青說爸爸很辛苦，阿青與弟弟不想介入爸媽的糾紛，只想當兩人的小孩，庭後媽媽一直罵阿青與弟弟沒有為她說話。

媽媽為了還債認真在大舅家的便利商店工作，外婆跟舅舅對給爸爸的債務沒怎麼逼，但媽媽就是很生氣，明明對爸爸沒感情，還要住在爺爺奶奶所留的房子，每天罵爸爸多不負責，讓她那麼倒楣。

阿青國三不想聽媽媽的抱怨，就跟上一群不愛念書的孩子，先從放鬆心情的K煙開始，與朋友聊天抽著K煙，可以躲過媽媽的抱怨，漸漸玩更大了，到夜店裡電音趴，在藥丸與振耳的電音中搖掉所有爸媽的爭執，國中畢業後不想升學，有人帶他去林森北路的酒店，安非他命是進級毒品，二級管制毒品，冰糖結晶塊磨碎，以吸食器，燃燒直接吸入腦腔，腦內會出現七層霓虹的彩色世界，所有的煩惱都會忘記。

有過那個彩色世界，就很難再忘記，阿青在林森北路作起毒品小蜜蜂（毒品直送）小盤商，除了自己吸也想趁機大撈一筆。

漸漸作出名號，每天晚上在林森北路的幾家同好知道的酒店，肉身靈魂交替，到底是死是活，在那交替的時間，自己都不知道，毒品的世界是彩色的，但藥退醒來卻是無限的失落，為何要一再交替呢？一種不能自拔吧！有時也希望有人來把自己抓走，換回清明的靈魂。

有一天在中山捷運站，警察看到阿青走在路邊，上前盤查，警察為何找上阿青，臉色不佳還是神情靡靡縮縮？身上找出安非他命，K他命，搖頭丸，因為那天不是小蜜蜂沒有放大量衣服（安），褲子（K）在身上，只有自己用毒品在身上，阿青沒有反彈，默默跟著警察，讓警察採驗尿液，並通知爸媽來警局陪同少年製作筆錄。

爸媽到警局，聽警察說阿青吸毒，怎麼可能？為什麼？父母在警局互相責怪，都是你！都是妳！兩人不管在家裡，在外面，甚至在警局都是大吵，不留任何情面，爸媽有想過那個家孩子能留下嗎？或留下的孩子在想什麼？

事證明確移送法院，媽媽陪同到法院，調保官大致問了家庭等狀況，孩子也表示不再吸毒，兩星期後，再驗尿仍是三種毒品反應，開庭時法官諭知責付不宜收容，媽媽了解少年的嚴重性，但爸爸反彈，少年吸毒為何要關？法官問父親，你知道孩子吸三種毒品嗎？你知道長期吸毒會怎樣嗎？你知道孩子為何越來越瘦嗎？爸爸答不出來，法官讓法警把孩子帶進拘留室，留下啜泣的母親與訝然的父親。

調查時爸爸覺得無所謂不想到場，孩子收容後，爸爸常打電話給調保官說阿青頭痛，要帶去廟裡收驚，調保官跟爸爸說那是吸毒的後遺症，只要較長的收容，退毒後頭痛就會慢慢好，但爸爸還是一直打電話說有「魔神仔」纏繞阿青，要帶他去收驚。

法官安排了電腦斷層，以醫學報告，拒絕了爸爸為阿青的開脫，身心科開了情緒與睡眠穩定劑，經過二、三月的退毒，阿青沒有再喊頭痛了，四個月後孩子責付給爸媽，調保官請爸媽一起陪同孩子參加戒毒支持團體，爸媽兩個人見面像仇人，只好請爸爸陪阿青來參加團體，但一個大男人總是找理由，我在新竹作工，騎機車來台北都八點多了！又說要帶阿青一起去工作，但阿青也做不了粗重的工作，爸媽無法對話，爸爸不認為自己有問題，阿青沒能耐工作。

一個賣毒的孩子如何回歸正常的生活呢？教會的以琳老師知道孩子嘴巴說要工作，但腦袋還在毒癮的後作力中，她在教會帶著一群有吸毒被關過的青少年，身體心理須要重新修復，早上在教會讀聖經，獲得內心穩定的力量，下午一起運動或學樂器，阿青也到那邊一起學習，六個月後阿青表示要去工作了，大家立了一個目標，如果阿青工作能通過六個月，就為他請客慶祝。

阿青找到一個茶飲店工作，每天早上八點要到茶店煮茶，紅茶、綠茶多少比例，阿青很用心的記得店長交付的茶譜，每天工作七、八小時，阿青有失眠的問題，會去跟醫生拿些助眠劑，睡得好也能好好工作，阿青為何要工作呢？怕關是理由之一，失去自由是超級可怕的感覺。

但最重要的是交了一個漂亮的女友，女友一樣來自單親家庭，爸媽沒有能力保護自己，女友就自給自足，作牙醫助理，工作認真，是老闆的得力助手，女友認識阿青的朋友圈，女友只要覺得哪個朋友有吸毒，女友就禁止阿青跟那人連絡，阿青怕關，覺得那些朋友是醉生夢死的毒蟲，聽進女友的規勸。

女友就是阿青生活的一切，調保官看阿青工作認真，驗尿也很乾淨，達到六個月的目標，一個月賺兩萬多，穩紮穩打，好多人都為他高興，開了慶祝會。

工作二年多，爸媽的官司打完了嗎？阿青一直不知道，之前林森北路的朋友沒有半個人離開毒海，關的關，死的死。

有一個沒有吸毒的生死之交，騎機車，被後面的機車追撞，很快的屍首異地，至交的媽媽哭得要死，阿青那幾天就一直陪著他母親，安慰他母親，讓他媽媽感覺有一個替代的兒子，女友也擔心阿青經不起好友的過世，再走上毒品的老路，女友陪在阿青旁邊，阿青終於熬過了，知道女友的愛心，阿青一直很感激。

女友會提醒阿青上班，也陪他到法院報到，女友很有氣質，跟著阿青，是阿青的好福氣，但久了很多事都覺得理所當然，對女友的提醒回應不再輕聲細語，想回就回，不想回就無聲相待，兩人住在一起，女友自幼生活在爸媽的情緒中，爸媽對話尖酸刻薄，常常兩人揮拳互打，不知不覺中，阿青竟在不經意中跟女友酸言酸語，女友抗議，不想跟自己的男友有自己爸媽語言與暴力的陰影。

有一天女友搬走了，阿青心急了，到女友家大喊妳給我出來，女友不出來，阿青一直按電鈴，女友終於開了門，阿青搞不清自己是打女友還是抱女友，但阿青知道自己對女友已是恐怖情人了，女友不要阿青了，女友不要她爸媽的模式在她身上發生，心痛離開了。

阿青像行屍走肉，女友不接電話，失眠又嚴重了，每次吃安眠藥也只能睡二、三小時，有想死的感覺，知道自己憂鬱，但不想去看身心症，不想讓別人看自己是瘋子，情緒低落失眠想自殺就像溺水一樣，阿青會回去毒品的世界嗎？爸媽鬧離婚的時候，一直問阿青要跟誰？阿青誰都沒有選，阿青跟了毒，到一個忘我的世界，現在阿青……會跟誰？

十、我還想玩！

……那個男生的名字，
我查出前科，
就是標準出現在夜店的大騙子
「我是移民的企業家，
短暫回國……。」

因為吸食K他命，她由成年的哥哥陪同到我的談話室，問她「身體為何有毒品反應」，她說自己沒吸毒，哥哥的朋友邀她外玩，她被哥哥朋友載去淡水的一間房子，進屋時房間充滿K他命的塑膠味，她想自己沒吸，就沒在意，因房內太吵，有人報案，警察臨檢，大家被帶到警察局，自己被驗出K他命也很訝異。

問起她的成長過程，父親職業軍人轉任航空地勤人員，一歲多時父母分居，八歲時父母離婚，詢問父母分居離婚原因，哥哥馬上像刺蝟一樣「為何要問這麼多」，對我大聲咆哮，我只好請哥哥先到外面，單獨問她，她說：「哥哥一直覺得母親是受害者，因為父母離婚，他被迫離開母親，只要有人問起母親，哥哥防衛心就高漲，讓人摸不著頭緒，自己從小對母親沒有很深印象，爸爸雖忙，但有爺奶的照顧，不覺得有什麼不好。」

她身型高瘦，五官清秀，皮膚白裡透紅，吹彈的破，不用化妝，就讓人感受到青春無敵。

不愛念書，國中勉強畢業後，到一個私立高職，因為大家都不愛念書，心性放鬆，後來覺得讀或不讀沒什麼差，就休學，想專心打工。

但年紀輕，工作有一搭沒一搭，也都做不久。

因為漂亮，經常有人邀約，少年沒什麼防衛心。

評估少年容易受不良環境影響，法官裁定來上幾堂輔導課。

她來上課時，仍是無防衛心，穿著超短迷你裙，露出修長的雙腿，加上薄紗的上衣，露出兩顆圓潤的上乳房，讓我覺得她好像拍內衣廣告的Model，搞得那天教室裡的男學生心神不寧。

在談話時，她跟我說：「觀護人，我有在找工作，我也有安排九月回高中念書」，但我知道那些只是說給「觀護人」聽的，我直接問她說：「編這些表面話好累，對不對？」她好像獲得釋放，覺得我太了解她了，我說：「妳心裡最想說的是『我還想玩！』」她露出青春洋溢的笑，會心的點點頭，這樣她就不用再裝了。

下一次上課，她帶著新交的男友來上課，男友長的高帥，像一般出現在電視談話性節目的男明星，幽默、有禮貌、講話得體、知道怎樣不犯錯，他說：「我會關心保護她，不會讓她再犯錯」，他自稱「移民的企業家，最近短暫回國」，她提起新交的男友「他好有學問，家裡有好多書」，他說：『她現在只要讓他好好照顧就好了』。」

我人情世故看多了，雖覺得這個男的怪怪的，但女孩一頭熱，我點破也沒甚意義，打電話給他父親：「是否同意讓我驗孩子的尿」，父親同意，又說：「這樣最好了，因為他也在懷疑。」

女孩說：「男友要帶我去柬埔寨旅遊」，我說：「你不怕被賣掉」，「他對我那麼好，不可能」她帶著自信說。

她去旅遊時，報告出來，仍有微量的K毒反應。

她回國幾天後我約她談話，她說：「觀護人，回國兩天後，他就傳一個簡訊給我：「『分手』沒有寫理由。」

在她臉上我好像看不出特別的哀傷，這種經驗對她來說是多的，很快認識一個男生，男生的花言巧語，讓她以為遇到最愛，當了幾天免費女伴，就被分手。她憑著青春姿色，只要夜店一站，就又有一段自以為真的戀情。

「我還想玩！」所以不會被傷的很重，自己玩還是被玩已無所謂！

那個男生的名字，我查出前科，就是標準出現在夜店的大騙子「我是移民的企業家，短暫回國……。」

十一、到底要關誰？

爸媽不讓孩子回家，孩子犯了法，
我一直在想到底要關誰？

國小六年級的小蘭偷了同學的手機，調查時爸媽一直抱怨孩子手腳不乾淨、很壞，小蘭聽到爸媽說自己不好，露出驚慌的眼神反擊爸媽，你們都不給我零用錢，我也好羨慕同學有手機，媽媽馬上說，你那麼壞，我幹嘛給你這些？

每次父母好像只要說女兒有多壞就沒事了，我們邀父母來上了解孩子行為的跳跳虎課程，媽媽一再說夫妻工作很忙，因為女兒的事，搞得要請假調查與開庭，現在還要來上課，偷手機是小案子，手機也還同學了，為何還要跑法院？

但不時媽媽又打電話到法院抱怨小蘭沒去上學，跟外面不三不四的朋友鬼混，變成未婚媽媽怎麼辦？

我跟小蘭談最晚要晚上八點前回家，爸媽說不行，就將把家裡的門鎖上，不讓小蘭回去，小蘭只能睡樓梯，半夜太冷了，去找學姐收留，學姐也不太去學校，小蘭在學姐家一起睡過頭沒去學校，媽媽又說妳看她多壞？

我慢慢跟媽媽說，孩子的行為不好我們了解，但她就是你的女兒啊，你一直說她不好，她也是你的女兒，我們一起來想想辦法，每天給她一百元，晚上八點前她回家，對於一次會買二十瓶清潔劑，每天將家裡打掃到一塵不染的媽媽馬上大聲說不行，我們八點就睡覺了，她回到家要洗澡，熱水器的聲音，會讓我們夫妻睡不著，她要在下午六點前回家！

小蘭，一個小六到國一正在叛逆期的孩子，下午四點多放學，父母不在家，跟朋友聊天，六點正起勁，常常聊到忘了要回家，父母卻規定六點前要回家，只要超過六點，就算小蘭違規，父母便一起數落小蘭，以不給孩子零用錢做為懲罰，孩子沒有零用錢就偷父母的錢，父母就說你看這孩子多壞，每天同樣的劇碼不斷地上演，「你不準時回家，就不讓你回家」，這天小蘭進不了家門，就偷騎了樓下父母的機車，到朋友家過夜，父母又說小蘭真的很壞，很快報了警，警察抓到了小蘭，父母一直在法庭上說小蘭是家裡的不定時炸彈，法官無奈收容了小蘭。

爸媽不讓孩子回家，孩子犯了法，我一直在想到底要關誰？

十二、阿弟與阿姨

有些壞到沒人要的孩子，真心的關心與探望，
對某個無依的生命，也許是一道光吧！

阿弟吸毒的案子進來法院了，阿姨陪阿弟來法院作調查。

阿弟國中後就唸不了書，城中的艋舺地區，形形色色的人，阿弟染入其中，姐姐鎮定的唸書畫畫，每次的第一名都是家中的話題，媽媽與無能的爸爸離婚，藉口去外地賺錢，遠離傷心地，兩個孩子丟給了娘家。

阿姨在家不是出色的那個，平平凡凡，沒什麼男人追，兄弟結婚搬出去了，妹妹結婚離開家了，兄弟生了孩子，放回奶奶家照顧，妹妹離婚要療傷，孩子丟給娘家，奶奶像一把大傘撐起整個家，阿姨在家，幫忙照顧。

灰姑娘的姐姐都去參加舞會了，沒人想起灰姑娘也想去舞會，沒人想起阿姨也是想要被愛的那個。

調查時阿姨說，家裡附近的環境太複雜，自己也照顧得好累，應該讓孩子去跟媽媽同住，有機會跟媽媽培養感情。開庭時，媽媽說自己要負起照顧責任，把孩子帶去自己住的城市，當法官收容阿弟，要幫阿弟退毒時，媽媽大罵法官不懂媽媽愛孩子的心。

兩個月後，少年退毒，阿弟精神奕奕，母子團圓，大家期待新生活的開始。

兩個星期後，阿弟跟調保官見面，我問他跟媽媽住得怎樣？阿弟說兩人太久沒住在一起，住了三天，阿弟就說要回台北，媽媽沒說什麼，就讓他回台北了。很有苦心的媽媽應該打電話跟我說，要我勸阿弟回去跟她住，但我都沒有接到電話。

阿弟回到原來的地區，在原來的地方過著原來的生活，有一天我一個帶了多年的少年，被來往的黑道殺得希巴爛，我去參加他的告別式，滿滿的會場黑壓壓的各路堂口「八加九」，儀式後我發現阿弟也跟來，我問阿弟，你知道拜誰嗎？他搖搖頭，大哥二哥呼喲小弟，到各地鞠躬，重點是氣勢，拜誰不重要。

我邀了阿弟來盼望團體，阿姨說她工作很忙，要陪來很累耶，我說試試看嘛。

阿弟個頭大，像大牛，講話無厘頭，常常逗得團體大夥一直笑，爸爸媽媽們很愛跟阿弟聊天，把阿弟當自己的孩子看待，也透過與阿弟互動，有機會了解自己走向這條路的孩子在想什麼。

阿姨說很忙，可是每次團體都會到。

阿弟沒有讀書、沒工作，我介紹他去職訓局中餐班。接受訓練，學一技之長很好，但要拿刀切菜弄肉，實際操作，阿弟沒想像中的有興趣。有一天老師打電話說，阿弟因為不是很專心學習，跟一個同學有點口角，阿弟突然拿起了菜刀，嚇到大家，請我跟少年談談。

下課後，我問阿弟，你把職訓局當成打殺的街頭，嚇死很多同學與老師，你今天心情很不好？阿弟跟我說，昨天媽媽說要來台北看我跟姐姐，要帶我們去吃飯，我只是慢五分鐘到家，媽媽跟姐姐就去吃飯了，什麼都沒說，媽媽眼裡就只有第一名的姐姐。

兩個孩子，一個都是第一名，一個吸毒、在街頭混，媽媽會看到哪個？我想起有一天我去阿弟家拜訪，我向奶奶介紹我是阿弟的觀護老師，奶奶好沉，感覺我打擾了這個家，冷冷的臉，好像叫我趕快走，沒什麼好談的。

盼望戒毒支持團體，幫助身陷毒品的孩子，協助他們了解，人都有自己的人生難題，讓我們在一起，被了解也了解自己，有情緒或問題，大家一起學習比較好的應對方法，不需要只是依賴毒品，如果再次跌倒，要勇敢站起來，不放棄自己。

阿弟是團體的開心果，阿姨與幾個有難題的爸媽一起學習，笑容越來越開朗，也漸漸能帶新來的媽媽，在新進陌生與痛苦的時候，給予陪伴與支持。

職訓結束的時候，阿弟缺席了證照考試，之後阿弟作了工地、冷器工作，都是幾天就沒作了。有天我問阿弟顧賭場都還好嗎？他臉一驚，妳怎麼知道？沒工作怎麼過活，城中賭場最多，顧賭場是最容易的小弟工作，我提醒他要注意安全，被警察抓到也要認帳。

有一次阿弟交了女友，想要跟女友說有個好聽的工作，去應徵7-11被錄用，店長訓練他喊歡迎光臨，他覺得很白癡，一天還是喊不出，就沒作了，我不知道後來他有沒有交到女友，但我想他回頭的日子可能還沒到，再逼也是沒效果。

有一個來團體的少年小信，沒有媽媽照顧，加入幫派吸毒嚴重，經常被關，年紀大的爸爸憂鬱顧不了小信，阿姨主動關心，小信關很遠，阿姨會陪爸爸去看他，阿姨自己也抽空去看，像天使帶來的溫暖與關懷。

城中與阿弟同一社區的阿來，他的媽媽與奶奶一直覺得阿來犯罪不值得照顧，把他逐出家門，阿姨也會關懷他。

阿弟跟我說，媽媽只是要表現傑出的姐姐，他覺得自己沒有媽媽，但來參加盼望，看到陪在自己身邊的原來都是阿姨，感覺自己是有人要的孩子。

有一天奶奶得了癌症要照顧，家裡誰都忙，阿弟最有空，我去阿弟家探望，奶奶在家，奶奶說阿弟每天會問奶奶要吃什麼，阿弟就去幫忙買，阿弟不再是一個丟臉無用的孫子，我想起老鼠救獅子的故事。

現在阿弟還是城中賭場的小弟，這幾年阿姨陪伴他在團體的成長，協助了阿弟與家人關係修復，但阿姨對其他的孩子付出的關心，我問她是怎麼做到的？

她笑笑說自己沒做什麼，其實自己也是個沒被看重的孩子，看到阿弟的沒被看重，在盼望時，自己陪在阿弟旁邊，也救贖了自己。

有些壞到沒人要的孩子，真心的關心與探望，對某個無依的生命，也許是一道光吧！

十三、母親節是個討厭的日子

以前的母親節是個討厭的節日，今年可以跟女友買束紅色康乃馨送給媽媽，三個女人的家，可以是安全的，母親節快樂！

媽媽十幾歲就生下阿金，爸爸也是一樣年輕，沒什麼學歷專長，無所事事，不知能做什麼，就會喝酒，酒後失心瘋，莫名其妙動手打人。青春年華，初嘗苦澀，媽媽很快就跑了，將年幼的阿金丟給奶奶，奶奶要工作又要照顧阿金，常常跟嗜酒的爸爸大吵大鬧，姑姑看不過去，訓罵爸爸，家裡又是一陣打鬥。

很小阿金就在社區遊蕩了，左鄰右舍都是阿金的玩伴，家裡狀況都差不多，大家都是孤單的孩子，互相作伴，國小的時候看著國中的大哥大姐作什麼，大家也漸漸變成小大人，小四時，阿金就學會抽煙，看到父親發酒瘋，一直打奶奶或姑姑，阿金不想要顯出自己的無能為力，跟幾個臭男生混在一起，阿金也認為自己是男生，沒人想過阿金是個女生。

小六的年紀，嗜酒的爸爸得了肝癌，沒幾個月就過世了，奶奶姑姑鬆了一口氣，不得已的無奈中，回頭找到阿金的媽媽，讓媽媽接走阿金。

從小討厭過母親節，對紅色的康乃馨超級敏感，寫母親的辛苦與感謝，都是假相，編好故事交上作文，讓老師不用過問或好意關心。現在，突然跟媽媽在一起，以前不曾有過的想像，驟然成真的機會，朋友們為阿金好高興，大家歡樂的別離。

媽媽準備了阿金的房間，有夢想中的床鋪與床單，媽媽晚上就在卡拉OK店上班，半夜喝到爛醉回家，幾個晚上，阿金一樣沒人陪伴，阿金想念朋友，想念年輕無暇的光景，暗自坐車，跨過一個城市，匆匆地回到奶奶與姑姑那邊，她們都有了新生活，而且監護權也回到母親，大家也不敢怎樣搭理。

阿金幾乎沒去媽媽安排的國中上課，跟朋友過著鬼混的生活，日伏夜出，媽媽哭喊自己的辛苦，責打阿金的玩樂，阿金沒法處理自己的孤單，朋友是阿金的解藥，抽煙與檳榔是青春的印痕，機車、跑山、夜遊是成長的足跡，有一天一個小哥哥不懂事強上了阿金，阿金感覺男女之間的齷齪，阿金反擊，小哥哥把阿金打傷了，阿金被送到醫院，阿金記起往日父親對姑姑與奶奶的暴力，對男人莫名的怒氣，媽媽趕到醫院，生氣阿金的不懂事，暴力對小哥哥，堅持提出告訴。

阿金還是太寂寞，出院回母親家幾天，媽媽的宿醉還是讓阿金想起朋友們，阿金繼續跟他們鬼混，漸漸有人大膽偷竊機車，大家輪流騎，很快，個個都就被送警法辦。

阿金屬於這個城市，她的案子跟他的朋友分屬不同法院處理，法院法官訊問後，先把混亂不清的阿金收容起來，一段時間後，我在訊問室調查，一百三十幾公分瘦小的阿金跟我說：「我不能保證我會好好唸書，我可能還是會亂跑，一直惹麻煩，調保官你把我送感化院好了。」

訊問室外的媽媽，也是苦喊阿金不能乖乖聽話，就讓她去感化院好了。

孩子太久沒跟媽媽在一起，晚上孩子沒人陪伴，阿金又長期不去國中上課，學校也不知如何處理母親與少年的情緒。阿金與母親都讓人不知所措，她們的疏離與焦慮，都需要有系統追蹤與長久的協助。

我在訊問室跟阿金說，妳太小了，妳不是壞孩子，雖然妳不能好好待在國中，但不至於要去感化院，妳先好好待在在少觀所，把作息調整好，也許要好幾個月，記得不可以放棄自己，妳有能力把自己救回來的，阿金可能不太懂我在講什麼，我要她努力記得我的話。在訊問室外，我跟媽媽說，媽媽是孩子重要的支柱，孩子要自我放棄，媽媽不能再講喪氣的話，打擊孩子，相信我，孩子不用去感化院，一定有方法救回來。

離開訊問室，我很快連絡以琳少年學園與阿金的國中，往往好多不能在學校穩定就學的「壞學生」，教育局與以琳學園合作的中途學園，設計彈性課程，有自我探所戶外體驗課程，安排很多職業探索活動，讓孩子有較多的機會發掘自己的職業性向，在服儀、抽煙、檳榔上鬆綁，不用每天花很多的管教在這些禁制上，反而有更多時間，讓社工與學生討論以往成長的傷痛，協助孩子，能夠了解父母的不能，幫助雙方有機會與時間修復關係。

阿金媽媽的男友，當社區管理員，在法官開庭時表示，阿金放學時可以讓阿金去他工作地方，他可以陪少年晚餐與作伴，晚上十點下班後，兩人一起回母親家，阿金回家就可以休息睡覺準備隔天去學園。

經過幾個月的收容，阿金沒有自我放棄，調整好作息，容光煥發，法院開庭後允許母親接回家，與社工一起將阿金帶到以琳學園，那天起阿金是一個國二生了。

阿金每天早上九點準時到達學園，以前阿金就在社區遊盪，經過收容，似乎找到自己學習的方向，沒像其他的學生還在醉生夢死，社工每次提到阿金都充滿了驕傲。

一年多後，阿金長到一百六十幾公分，拿到學園第一名畢業成績。

經過人生的低低高高，阿金還是一個十五歲的孩子而已，阿金沒有選擇升學，打算先工作。

說要工作，未滿十六歲，很多的單位不敢請她，阿金一直沒能找到工作，媽媽家這邊的環境，漸漸熟悉了，認識了一些朋友，沒工作、沒就學，幾乎也是游蕩，平胸的阿金那天帶個蓬髮的女孩一起來見我，跟我說她是我女友，我問她，媽媽知道妳交女朋友嗎？她說媽媽知道，可能要大發雷霆，果不其然，媽媽那段時間不斷的電話跟我抱怨阿金交了不三不四的女孩，又跟我說她沒救了，叫我關她，我要傾聽阿金想要照顧被父親家暴罹患憂鬱症女友的心情，也要體諒阿金說媽媽被男友騙了十幾萬，最近心情不好就一直罵阿金出氣。

國中畢業一年後，阿金仍找不到適合的工作，試著去唸私立高職，報了名，阿金常常不到學校上課，老師打電話通知媽媽，媽媽又氣瘋了。阿金找我報到談話，阿金說自己是T，帶了她新的女朋友，與另一個T朋友，我們一起在談話室，三個女孩一起罵起自己的酒鬼爸爸，阿金媽媽又打電話給我了，說阿金不去上學，讓自己變成同性戀，要求我把她關起來。阿金無奈地訴說她媽媽又要跟一個男生結婚，都照完婚紗，才發現媽媽的情人也是吃軟飯的，無可奈何的婚禮喊卡。

阿金開始找到工作，不穩定，情緒也起伏不定，女友不適合，換了，媽媽漸漸沒打電話來訴苦，我詢問阿金，阿金說媽媽心情不好就兇她，剛開始她就跑出去，後來她學會跟媽媽溝通，母女仍然吵吵鬧鬧，時間久了，心境逐漸平穩，好像讓兩人有互相了解的機會，因為媽媽常常被男友欺騙，漸漸能理解阿金為何不能喜歡男生，慢慢接受她同性戀的事實，讓她帶女友回家。媽媽從卡拉ＯＫ店轉業，轉做網拍，現在網拍工作常要去韓國批貨，需要請阿金幫忙照顧小狗，整理或寄送貨物，現在媽媽打電話給我，不再報怨阿金亂跑，反倒是請求阿金幫她忙，跟我報到談話的時間要求改期。

這幾年跟媽媽在一起，雖然是辛苦的適應過程，慢慢理解媽媽為何對她那麼兇，那麼嚴厲，那麼擔憂，阿金的媽媽以前年輕少女時待過感化院，媽媽擔心她，很怕她回不了頭，年輕的背影，又要重蹈覆轍。

以前的母親節是個討厭的節日，今年可以跟女友買束紅色康乃馨送給媽媽，三個女人的家，可以是安全的，母親節快樂！

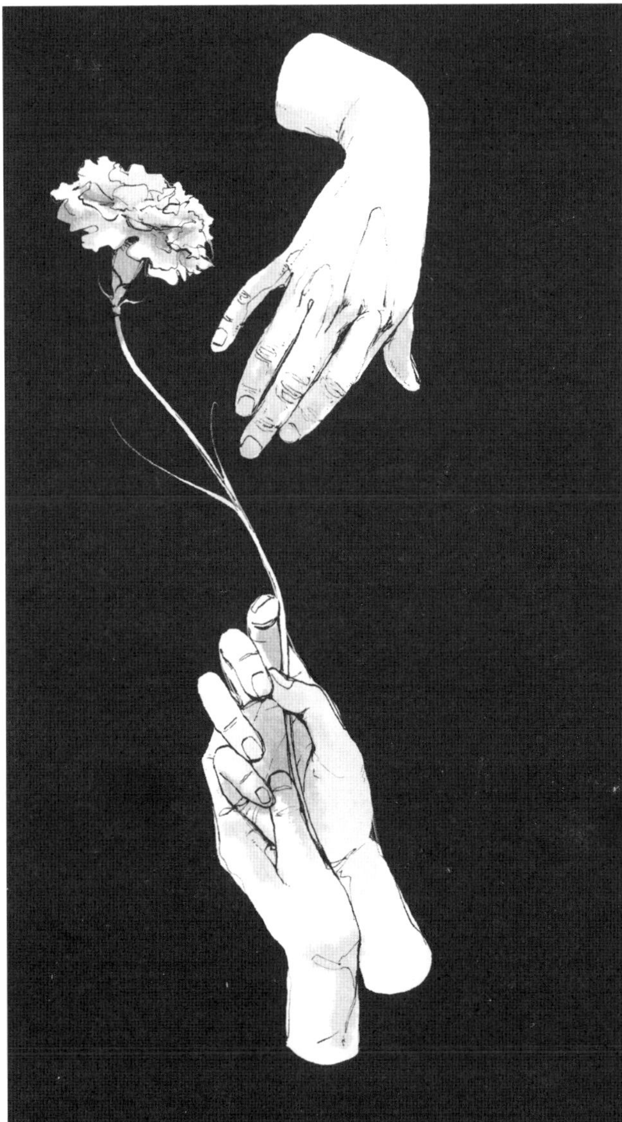

十四、阿答——險被錯置的天才

我們無法憾動這樣的國家社會保護體系，
但我們相信自己看到的危險，須有意願的人去協助，
如果北海政府不能做，不想做，誰能做呢？

阿梅是養女，國中時養父對阿梅毛手毛腳，要強行進入時，阿梅推開，之後跟養母說，養母拒絕相信，高中阿梅就逃離那個家了。懷著對幸福家庭的美夢，遇到年青氣盛的阿強，兩人很相愛，二十歲結婚，很喜歡小孩，幾年間接連生了六個孩子。

阿強沒有一技之長，偶做保全工作，阿梅每天為孩子忙東忙西，幾個孩子，三個各有不同的身心症狀，領有手冊，家裡沒什麼收入，孩子們嗷嗷待哺，很快領了低收補助，靠這些補助，日子勉強能過。

夫妻以為有愛就能有幸福的家庭，但沒有錢就是壓力，找工作被拒絕，沒有勇氣去找下一份工作，阿強躲在家裡，夫妻倆對飲喝酒，日子昏沈沈的。

阿答是第一個孩子，從小就怪怪的，到底是聰明還是笨，沒人搞懂，讀書沒什麼組織能力，老師用心教了他基本的國文閱讀與書寫能力與認識ＡＢＣ英文二十六個字母，從小大家看阿答就是阿達，他獨來獨往，不需要什麼朋友，經常在大樹下觀察各種植物，自己也會在校園生活抓青蛙，甚至抓過大蛇，一點都不怕，老師也很難評估，建議家長帶阿答去醫院評鑑，經過專業醫師與心理師幾次來回的評估，鑑定輕度自閉與亞斯伯格病症，夫妻沒有去研究病名的內容是什麼，只在意有多少補助？

學校老師發現阿達有植物的天才，讓他參加學校植物社，阿達每天遊逛校園作自己的植物筆記，學校圖書館每本植物圖鑑都是阿達的寶貝。

夫妻倆有喝酒的習慣，政府發給孩子們的生活補助，有一半拿去喝酒，家裡生活開放又隨性，一樣沒有什麼工作的阿姨與姨丈住到家裡來了，很多的黑暗，就在這樣的隨性中進行。阿姨跟父親搞上了，姨丈搞了大妹，媽媽每天要照顧一整個家，似乎知道，也似乎不想知道，就像要躲掉養父對自己騷擾的記憶。

阿答因為想吃巧克力，在超商連續偷了六次，移送法辦，到法院母親一直說因為要養孩子，沒辦法給孩子零用錢，法院教父母應理解孩子吃東西與零用錢自主的需求，每天須給孩子一百元，可以讓孩子自我管理與應用。開庭時母親答應會照做，但沒多久阿答又因犯案進了法院，阿答對妹妹做了好玩的事，妹妹跑開，哭著跟學校老師說。

當案子又送到我桌上時，我想阿答在開放的家中見到父親對阿姨，姨丈對大妹，一個自閉亞斯柏格鸚鵡學語的孩子見到的世界，讓他學到怎麼對應自己身體的關係？

調查時母親表示會多注意，不會讓阿答有單獨跟妹妹在一起的機會，也會跟妹妹說不要讓哥哥碰自己的身體，而且姨丈也被趕出這個家了。

阿答有植物天才，因為國三，我們請母親要讓阿答讀高職相關科系，母親一直說學校老師已安排好要讀三水高中的植物科，幾個月後問阿答讀書的情況，母親說以為學校有安排讀三水高中植物科，爸媽沒有注意到該科額滿，三水高中把阿答安排去讀會計科，但阿答坐在教室不知要幹什麼，老師也覺得很怪，兩星期後就跟家長建議讓阿答休學。

阿答不用去學校上課了，媽媽說好怕阿答在外面偷東西，他還是不要去上學比較安全，過幾天父親安排阿答去工作，木材切割與搬貨的工作，阿答很認命的去做事，老闆給阿答簡單的工作，阿答上工與下工的路上，一直看路邊的花花草草自己採集種子，假日去擺攤賣花草，阿答總有自己的寶貝袋，裡面有各種當季花草、自己愛看的圖鑑與自己做的各式植物的筆記，父母覺得阿答好煩，種花種菜的花草土堆把家裡的陽台角落弄得好亂，從沒有見到種子出芽的成長喜悅或美麗開花的欣欣向榮。

爸爸沒什麼工作，看到阿答領薪水多好，除了低收補助外，還有阿答可以幫忙賺錢。但阿答終究不是工作機器人，自閉亞斯伯格的孩子不會表達自己的情緒，但煩悶起來一直轉圈圈的動作，老闆也不能長期忍受，再領一次薪水，老闆就讓阿答回家不用去工作了。

一個喜歡植物昆蟲有能量的孩子，父母煩悶這些花草不准阿答外出再撿拾種子，讓阿答在家照顧幾個妹妹，父親與阿姨的隨性，阿答看到什麼？不會表達感覺不代表沒感覺，在家被當家僕使喚，情緒沒得發洩，當阿答被關在家裡爆掉，會是哪個妹妹遭殃？

媽媽幾次來談話，媽媽就擔心阿答出去外面會惹事，但我總感覺阿答有說不出的話，我認真問阿答，你想去學校念植物相關的科系嗎？我怕阿答不懂我在講什麼，但阿答總是很堅決回答我要去念書，亞斯或自閉的孩子我們以為他們不會表達，但他們固著的個性反而堅定的表達出他要什麼。

我下定決心要陪孩子打這場仗。

我跟晴晴心理師說明阿答的情況，邀她是否願意一起協助這個能量被錯置的孩子，幾次評估後，她覺得父母的自私，讓阿答在家為奴，阿答像一顆冒不出芽的種子，一朵枯萎沒有生氣的花，一株缺乏陽光與雨水的小樹苗，讓人心疼，晴晴答應與我一起陪伴阿答衝破困境。

慢慢阿梅談到自己婚姻與經濟的困難，雖然很愛孩子，但每個孩子都有不同的問題，常常要出入醫院，又發現自己妹妹跟先生有一腿，阿梅很痛苦，自己都不能照顧好自己，又怎能保護好阿答，只好躲進酒精，騎車又被警察抓，拿了一張九萬多的罰單，沒有繳，就會被抓去關，孩子們怎麼辦？

自己以前被繼父毛手毛腳，母親不能保護自己，急忙逃離那個家，現在這些事竟也發生在自己的女兒或兒子上。

我們理解媽媽的痛苦，也知道她想要保護孩子，希望她學習與安慰自己，但也讓她了解阿答應該去上適合的學校，這個家才會開始有救贖的機會，媽媽說她了解，但先生一直反對，讓她好難作人，她相信我們，也願意為孩子努力。

由於之前父母對阿答的生物天份不在意，即使國中的老師一直提醒選擇特教適性發展的科系，但父母仍疏忽對待，讓阿答去三水高中，兩星期因選錯科系就被退貨，但因特教選科一生只有一次優待機會，這次要再進生物或植物的專科，就沒那個優待的機會，最後我們只能選在北海高中水產養殖科，至少魚也是生物，不會完全沒關係，先安排進去，我們花很多時間跟學校溝通，學校主任有心接納這樣的孩子。

確定阿答有讀書的機會後，母親突然不接電話，聽說是父親仍強力反對阿答去念書，因為怕阿答在外惹事，父親仍以父權的方式對待阿答，不要阿答出去，讓父母指揮去賺錢或在家供人使喚。

一個有植物天才的孩子，父母不想認識孩子的特長，這樣有能量的孩子，如果長期留在家裡無從發洩，加上家裡「性的議題」，我們真的擔心在家裡高壓力的環境中悲劇再度重演。

我們對高危險的家庭，政府自詡有一個通報系統可以事先預防，雖然我們一線工作人員，了解這些危險，很快作了通報，但幾天來都沒有回應，以前開會總會有些官員發表實務上怎樣協助有危機的家庭，也會發名片給我們，我之前細心保留了一張，找出電話號碼撥出，高官很有禮貌，語氣很有同理心，聽完我的陳述，表示謝謝我們的用心，也說會盡快處理，過一兩天後，我接到一個督導來電問什麼事，我在陳述一次，聽完後他又說會再處理。

再過一兩天，我接到身心殘障服務社工來電，表示如果要安置，他可以傳真一些孤兒院資料，請我們自己處理，我們並不是要把阿答放到孤兒院呀！我只好再打電話給上面的督導，詢問怎麼辦，她說會再交辦，之後有一個福利科專門辦低收補助的社工表示，他有打電話給阿答的父母，父母說去外面念書很危險，而且阿答已國中畢業，高中非義務教育，他們無法強迫父母讓孩子去高中。

這是高風險高危機家庭通報，我說如果阿答的高能量，如果無法疏導，他將來在家會在發生性問題，社工說現在沒發生啊？

我們的高風險通報，是一通電話處理這個通報訊息的，我們實務工作兩三年的觀察，並無法提醒或提升北海政府對這個高危機家庭的敏感度，難道要一個妹妹再被猥褻或被強暴這問題才是問題？

我們無法憾動這樣的國家社會保護體系，但我們相信自己看到的危險，須有意願的人去協助，如果北海政府不能作，不想作，誰能作呢？

我跟晴晴心理師說這場仗，我們孤立無援，但我們要往前走，還是不管我們看到的危險與無助的阿答？

晴晴不捨，我更是難過，很快的我們振作起來，我又邀請了熱血的路法官一起當我們的戰友。

快要到學校報到的日子，阿答如果再度錯過就學的機會，危機將越升高，我們終於找到媽媽，媽媽說爸爸還是反對阿答去上學，媽媽夾在兩邊很為難。

我與晴晴心理師與路法官一起去阿答家拜訪父母，高度的誠意，說明孩子植物天才，去學校是適性的路徑。爸爸說學校遠，阿答在外會惹事，路法官說孩子會長大，關在家裡一輩子，不是保護孩子最好的方法。爸爸又說阿答在學校會惹麻煩，偷人家東西，妹妹那麼多，沒時間去學校處理，晴晴心理師說孩子有植物的天才，如果讀到適合的科系，阿答能量有出口，學到想學的，阿答就沒有時間去惹麻煩，我們看孩子好的部份，不要一直擔心阿答會去作壞事。

爸爸說家裡經濟困難，去念書要繳東繳西的費用，家裡沒錢繳啦，保護官說爸媽要照顧孩子經濟困難，我們都可以理解，要讓孩子去讀高職除了低收的學費補助，雜費或校車費用或零用錢，我們會以募款來幫助阿答順利上學。爸爸說不可能他太會惹麻煩了，一定不會讀到高中畢業，我們說就讓阿答從一年級試試看，爸爸說他一定不會達到標準的，我們說那就試一學期試試看嘛！爸爸用各種理由來推託，可能是錢都不用煩惱了，或是我們三個為何那麼在意他的孩子，再推託好像也不盡人情，父親想了幾分鐘後，終於答應讀一學期試試看，聽到這個答案，我們三個人不約而同的鼓掌，謝謝爸爸給我們機會，也給孩子機會。這時躲在爸爸背後的媽媽，對我們高比ＹＡ，露出高興的笑容，媽媽之後拿出三盆小花說，阿答知道我們三人要到家裡，就好期待，早早準備三盆小花，送我們一人一盆，爸爸躲進了房間，媽媽送我們到樓下，一直謝謝我們對阿答的幫忙。

九月阿答去學校了，同學覺得阿答怪怪的，每天書包裡一堆圖鑑，好多袋子裡又一包包種子，阿答還是在自己的世界，自己去找了一塊地，開始撒種、移苗有了小花園，之後阿達裝盆，將花送進教室、校長室、教務處、學務處、輔導室、醫務室，在不同的季節還有換盆換花服務，有的老師會說他一直種花，但英文不好，成績不好怎麼辦？但有老師說這是我們學校好棒的植物小達人，成績不好沒關係啦，每天阿答快樂去上學，從沒有遲到，學校還安排阿答在福利社幫忙整裡貨物，賺了工讀金，當成自己的零用錢。

阿答不會交朋友，沒什麼朋友在講話，但阿達是學校一處自在的風景，同學知道阿答就是阿達，今年阿達讀二年級了，我們好高興。

十五、家！生命溫暖對待，一切就不一樣了！

了解自己吸毒、加入幫派犯了什麼法，
我問他將來如果你的孩子走上這條路怎麼辦？
四哥說當然最好不要，我會用心教他，如果還是走上了，
我會努力帶他回來……

阿麗不太愛唸書，常是被學校關心的對象，但在國小擔任守衛的爸爸，不會覺得這個不太精光的孩子，丟自己的臉，老師的提醒，爸爸都會接受，也會好好地跟老師討論處理問題，有耐心地守護整個家庭與孩子。孩子的媽媽工作能力很強，但不擅人際關係處理，只能專心在家照顧幾個女兒，姐姐們都很可愛，學習正常，阿麗差一些，但媽媽跟著爸爸接受阿麗的一切。

進入國中後，阿麗仍是學校關心的對象，但幾個學校的大姐大，嘲笑阿麗，阿麗不懂情勢回嘴，惹來被拖去暗地毒打，嘴角被打到烏青，阿麗回家也沒跟父母怎麼說，隔天阿麗只說不要去學校了。休息了兩天後，阿麗突然挺身變了個人去學校，但阿麗不是去學校好好唸書，而是找學校另一區的兄弟，講自己的委屈，兄弟們早就跟大姐大互看不順眼，阿麗依附了兄弟，大姐大欺善怕惡，不敢再動阿麗。

兄弟們在學校上不了檯面，暗地裡街角、廟口都是自己的天地，每個兄弟都有自己的故事，走上這條路，但阿麗跟著兄弟們走上這條路，父母嚇死了！

阿麗漸漸沒去學校了，學校社工關心孩子，要她去學校，她還是沒去。

少輔組社工關心阿麗，希望她早回頭不要犯法，但阿麗卻漸漸沒回家了。

阿麗愛上兄弟的四哥，四哥照顧了阿麗，也愛上阿麗的身體，才國一就懷孕了。阿麗以為愛上的是王子，四哥吸毒、陣頭、幫派，阿麗不怕，也不知嚴重性。沒錢用時，阿麗就回家偷摸一些錢，父母皮包在家裡，明明知道有少錢，還是很高興女兒回來，女兒有些錢，可以在外面過得好些，吃得好些。

四哥好像被阿麗的純情打動了，自己單親的母親不知道怎樣接受來到家裡的小女生，又突然蹦出個孫子，完全沒有心理準備，依照自己的本性，冷漠以對，阿麗天真的跟自己的爸媽訴苦，爸媽就把孫子抱回家了，爸爸為了阿麗，很快辦了退休，夫妻兩人在家好好照顧孫子，嬰兒檢查心臟有問題，醫院帶進帶出，不覺有負擔，漸漸康復，養得白白胖胖。

孩子丟給父母，阿麗仍跟四哥浪跡天涯，之前爸媽因為阿麗年紀小，到警察局告了四哥，但女兒還是要跟四哥怎麼辦？父母到處求救，學校說阿麗不回家，不去學校，請父親向法院寫「虞犯聲請狀」，讓法院以預防阿麗犯罪，幫忙處理。開庭時，阿麗承認逃學逃家，也承認男友幫派、吸毒，是警察局的常客，法官勸告阿麗要回家，阿麗說好，但還是沒回家。因為阿麗沒有犯罪行為，不能收容，法官把阿麗交給調保官輔導。

阿麗會回家看孩子，男友被關，阿麗就回家，男友出來了，想想阿麗這麼愛我，好像不能再辜負她，漸漸悔悟找到工作，兩人一起回家看孩子，阿麗漸漸愛回家，男友能穩定工作，兩人就在家裡的對面租房子，白天阿麗與父母一起照個孩子，男友因為自己母親的冷漠，感受阿麗父母的關心，漸漸了解應該如何當爸媽，雖然四哥被阿麗的爸媽告的案子還沒審結，四哥還有很多案子在法院跑，這些好像都不是大問題了。

四哥會陪阿麗來法院找調保官報到，也一起聽聽法律常識課程，了解自己吸毒、加入幫派犯了什麼法，我問他將來如果你的孩子走上這條路怎麼辦？四哥說當然最好不要，我會用心教他，如果還是走上了，我會努力帶他回來。

看到阿麗微凸的肚子，我問阿麗又懷孕了，阿麗點頭說七個月了，我跟在阿麗旁邊抱著孫子的爸爸說，你又要當阿公了，爸爸很快樂的說，在美國的另一個女兒也有一個孩子了，這樣我要有三個孫子了。

阿公笑得好燦爛，初冬的陽光，和煦舒服。

生命溫暖對待，一切好像就不一樣了。

十六、秘密

觀護人常跟我説希望我能去青少年身心門診，就醫服用些克服情緒黑洞的藥物，但我就是不去……。

「我才能保護這個家」

我的爸爸，想要成功，但能力不強，升官輪不到他，「失望」與「自卑」在公司卻要隱藏，回到家喝酒發洩憤怒，媽媽就成了他的犧牲品。剛開始媽媽被打到臉烏青，還可以擦些粉掩飾，讓同事不發現，但後來被打的次數越來越多，烏青也越大越深，掩飾不了了。

自己不成功，爸爸將期望轉向我，國小參加游泳隊，在水裡我遨遊自在，練習時奮力向前。只要游泳比賽，他都會準時送我到比賽會場，在旁觀賽，游泳讓我快樂，當獎牌一面面往我脖子掛，爸爸那時臉上有驕傲的表情。

有時媽媽被打，到不能忍受的時候，會帶我跟弟弟到庇護中心居住，那裡乾淨明亮，白天我可以到學校，爸爸會來跟媽媽一直認錯，說自己會改，跪求媽媽回家，在庇護中心住一星期後，我們回家，爸爸大概也正常一星期，之後又回到像以前，母親又被打，忍耐至不能忍耐，再到庇護中心。

國小，爸爸像巨大的怪獸，但我想只要跟著媽媽就好了。國中後，漸漸不再是小孩，每當爸爸在頒獎時出現，我感受到那巨大怪獸的陰影。

游泳讓我快樂，但每次比賽，如果只是為零點一秒或零點二秒計較，或為了維持第一名，怕別人趕上，不斷的操練，有什麼意義？只要沒有理想的名次，要面對的不只是自己的沮喪，還要看到父親失望、生氣的臉，他有情緒，會發洩到母親，主角是我時，當然我也躲不過，最常是拳打腳踢，甚至讓我跪在家門口……。

國二之前我知道母親忍耐我也忍耐，但我的身體與心理也在長大。國三我比他高了，我發現自己可以抵擋，我能反抗。

有一天，我決定不再去游泳，他暴跳如雷，要打我，我站起來，瞪大眼睛望向他，拳頭緊握，我想他如果打過來，我也要反擊回去，他不知道為了這刻，我準備了多久。他不能打我，我也不讓他動媽媽、弟弟任何一根寒毛。那一刻，我看到他眼裡的膽怯，我決定不再當他的俘虜，他發現不能再挾持我，我有勝利的感覺。

他只好對媽媽惡言相向，要求媽媽叫我去游泳，但我已下定決心，不再回游泳池，不再為零點一秒游一、兩千趟，我不要追那零點一秒，忍受父親對我咆哮，我知道媽媽會傷心，但我已無能為力，我不要再受那巨大黑影的痛苦。

不再游泳，課業不再在意，國三我去學校，但成績一落千丈，國一、國二成績不錯，勉強保送進公立高職，但我根本無讀書意願。

結束與水的衝刺，進入人的世界，我結交不在意學校或父母的人，白天在學校擺爛，晚上跟他們聚在公園聊天，街上遊逛，他們給我安全感，如果發生事情，自己絕對不會落單。

有一天，有一個叫魔鬼的大人，另一個是在家無聊的十五歲阿林，還有我，在麥當勞聊天，看到一對情侶很親熱，想找他們麻煩，找理由教訓他們。

魔鬼：「你們很囂張！」男友：「有礙到你嗎？」

魔鬼：「就看不下去！」男友：「那要怎樣？」

兩邊的聲量越來越大，店員覺得已打擾到別人，請我們到外面。到外面魔鬼就動手了，阿林也跟著打，很奇怪的我就是不動手，我看過爸爸打人的狠勁，我告訴自己「這輩子我不打人。」因為在旁邊，人家還是把我當作一夥送進法院，到了法院，爸爸為我求情，看到他的哀傷，我一點都不難過。

他動不了我，就更躲進了酒的世界，工作丟了，有一群酒友，跟朋友喝酒，很會說大話，大家呼嚨一番，喝完酒回家，吃了安眠藥就睡了。我不懂媽媽為什麼要這個男人，這個男人這樣傷害她，她竟然不離開他，她說爸爸很可憐，可在我的眼裡他只有可惡。

媽媽以前在庇護中心有諮商師，媽媽覺得諮商讓她獲得能量，問我是否要諮商師，我堅決說不要。

很快被公立學校退學，隨便找個私立學校夜間部，白天可以去工作，但我不要，父親在家睡覺，我也在家睡覺，兩個在家不講話，他喝到身體壞了，長骨刺讓他痛苦不堪，開刀也沒好，喝酒與安眠藥的循環，我知道他沒用了。

晚上去高職，以為有目標，那只是做給觀護人看，不要讓他們有理由把我送進感化院。我打從心裡不要念書，去學校跟老師或教官打哈哈，經營關係，讓他們不要對我印象太差，退我學。我跟觀護人說爸爸很陰險，其實我也不輸爸爸。

有那一群朋友，不讓我孤單，有些人吸毒，我有時也覺得悶，電話叫貨，讓自己吸或拉一下，放鬆心情。

觀護人常跟我說，我依賴毒品其實跟父親酗酒沒兩樣，希望我能去青少年身心門診，就醫服用些克服情緒黑洞的藥物，但我就是不去。

我知道媽媽與觀護人對我很關心，我喜歡跟媽媽與觀護人說話，感覺被重視，他們提好多對我有進步的方法，我很機靈的規避，為什麼？偷偷告訴你「我根本不要自己好。」

只有這樣才可以懲罰爸爸，我決定讓爸爸痛苦，我才可以享受那個快感（很變態吧！），惟有我失敗才能讓爸爸痛苦到極點，我進步，爸爸就有可能會好，媽媽就要遭殃，只有讓他痛苦到極點，無法動手——「我才能保護這個家。」

十七、探索黑暗

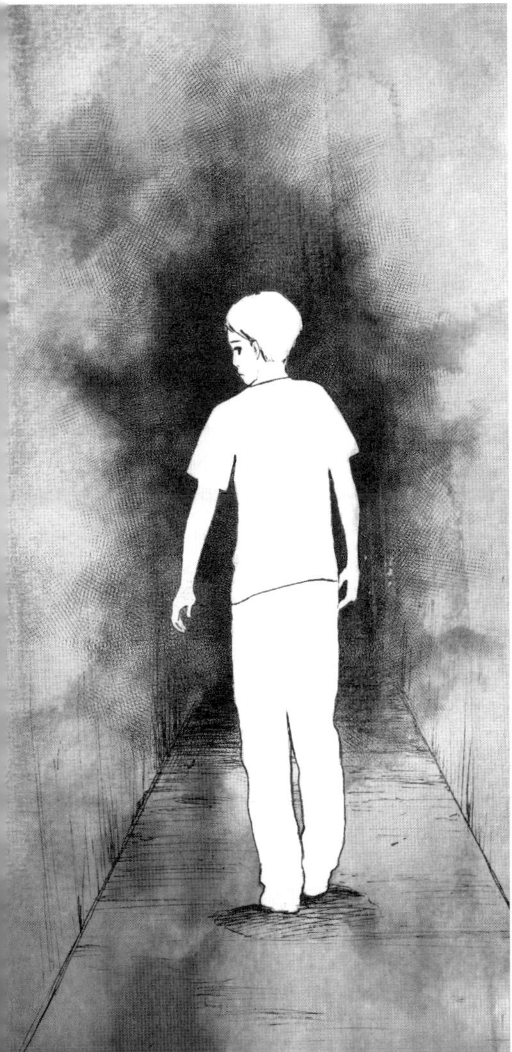

我們看到的光亮是光亮？我們看到的希望是希望嗎？
也許你要的根本是黑暗，我想跟你說：
「孩子，你真的已經付出好大的代價，可否讓爸媽幫助你？。」

從小你天真可愛，講話比別人大聲，老師問問題，你總是先舉手，老師點你回答時，你搔頭說我還不知道答案，全班一陣扼腕。

媽媽殺完柚子，你將柚子帽，放在頭上，戴去上學，好幾天你覺得新奇又好玩，旁人訝異的眼光，你根本不知道。

小二時帶你去鋼琴教室，老師說X月X日我們要上台表演，你跟老師說那天也是我媽媽的生日，讓媽媽歡喜又驕傲。

每天你穿著直排輪，滑過大街小巷，晚上提著垃圾去丟，那個垃圾車司機，到現在還記得你。

全家去墾丁，經過商店街時，你指著一條黃寶石項鍊，告訴店員，我要買這條一條送給我的媽媽，那一條項鍊只是價值兩百元的贗品，戴在脖子會過敏，但卻是我所有珠寶禮物中最珍惜的一條。

小五為了參加親子作家事比賽，我們在家練習削蘋果皮，縫釦子，垃圾分類，同心協力獲得全校第二名，我們高興的大叫，那是我生命中一段美好的回憶。

但你的情緒不穩，遇到不順心的事，小五時，你仍會哭，同學不解，你熱情的跟同學互動，熱情的身體碰撞，同學對你產生惡意，漸漸的你受到排擠，外表裝得很快樂，但內心的傷害越來越大。

老師觀察你可能有過動的症狀，建議我們帶去就醫，兒青身心科醫師開了過動的藥物，確實也對你躁動，有些穩定的效果。

國一入學我們設立目標，將來你要考入中X高中，之後大學要讀體X學院，我們朝著目標前進，因有服用過動的藥物，成績也能維持中等以上，但漸漸有自主的意思，聯絡簿不願寫，老師勸導、抱怨，你都不在意。

每天早上，我會把一顆藥從藥罐拿出，你放進嘴裡，我們在門口一個擁抱，你去上學，有一天我在外面鞋櫃上，看見你放在上面的藥丸，你不肯再服用了。

當然成績也一落千丈，你不在意，你說：「吃藥，對你一點幫助都沒有。」

有一天你跟我說我不要再讀國三了，你要休學，你覺得讀書根本沒用，我們好說歹說，勸你至少要讀到國中畢業，但學校的第八節加強課，你是決意不去了。

漸漸的晚上在外面，結交一群學校頭痛的人物，學校提醒我們注意，我跟你討論，你說「媽媽你跟別人一樣，也會看不起別人哦？」

有一天學校訓導處說你在學校，跟一個老大說：「ＸＸ在學校廁所罵你哦！」，老大糾眾把那個個多重情緒障礙的ＸＸ打傷了，到學校開會時，ＸＸ的媽媽選擇原諒打人的那群孩子，但為了保護那個孩子，父母不讓孩子再到學校，有一天我聽到那個ＸＸ開始出現自傷的行為，我的心感覺好抱歉，從你被霸凌的那一天後，你選擇依靠勢力，也開始欺負更弱小的人。

三下那年，有一天你告訴爸媽，你已選好了學校，在東部一個五專，你總覺得只要離開爸媽，那就是你能掌握的人生。

你規劃讀完五專你會考過三張證照，爸媽戴你去學校參加開學典禮，學校闡述了創學理念「學習國際化、學生自主化、職業生活化」，我們對未來有無限的憧憬。

但每次晚上打電話給你，問你在哪裡？你總說在撞球間，講得理所當然，不覺得有什問題，學校一張張曠課單寄來，打電話問你，你沒有回答，高一上就因為曠課、記過，被學校留校查看。

電話問你原因，你在電話說「我在這裡，快被打死了？」，我才領悟到你根本沒有能力把自己照顧好，給你自由，你的自由是一種放縱，你以為父母給你的約束，導致你人生的問題，但在籠外的小鳥，也不知道怎麼飛，才不會傷害。

建議你回台北，重新開始，進入國四班，也是苦勸、死勸，好不容易有一個休學的朋友考慮重考，你才願意重考。

但補習班仍每天電話：「你的孩子沒去補習班」，或你請假要去看感冒，我們竟在飲料店，看到你與朋友打牌，警察局也打電話來，你們一群在公園，有人找你們麻煩，請家長注意孩子的交友。

基測考了中等的分數，可以填進一間不錯公立高職夜間部，我們希望你在那裡，交到行為較好的一群朋友。但你進了學校根本也不在意校規，老師每天簡訊給我們：「你的孩子沒去學校」，電話抱怨「你的孩子帶壞別人」、「你的孩子在學校抽菸」，請家長到學校開會，羅列孩子種種不是，目標希望孩子趕快走路，不要在校生事，影響校譽。

我意識到事情已惡化到不可收拾，我說孩子：「我們的過動症，真的要去醫院看醫生，讓醫生幫助我們」，你大聲喊：「有問題的是你們，不是我。」

我帶你去一個很會開發學習潛能的老師那裡，他讓你做幾題數學，覺得你數學基礎不錯，結果你一直跟人家說：「幹嘛要會念書，只要會加減乘除就好了，其他學什麼，都是沒用的。」那個老師無奈的說：「你不是學習有困難的人，似乎要看的是心理醫生。」

幾次帶你去心理諮商師那邊，你等不急，也無耐心，就自己決定不去了。

每天睡醒泡在網路或電玩，我們擔心你如果沒錢，在外更容易生事端，每天將兩百元放在桌子上，讓你可以過活。

房間弄得跟垃圾間，你根本不在乎，衣服脫了就丟，「亂」你沒感覺，爸媽先不理，等到看不下去時，我們就拿去清洗，大掃一下，換得短暫的居家舒適。

能講的都講了，能討論的都討論了，有時爸媽無奈，大罵一下，你回應的聲響比我們還大。

夫妻以淚洗面，媽媽在找各種出口，掩飾內心的傷痛，爸爸表面的堅強，但漸漸得承受胃潰瘍的發作，家中那個妹妹，看著哥哥如此折磨爸媽，立志做一個不讓父母擔心的孩子，在課業上自我管理，言語上貼心，父母似乎也從女兒身上得到一些寬慰。

爺爺打電話來，家裡的床位擺錯了，孩子行為才會壞，客廳沒擺玄關，家裡才不平安，床變了，玄關擺了，你仍無所變。

小姑打電話來，可以考慮把你送到澳洲，遠離這一群壞朋友。

大姑打電話來，他們山達基課程很好，讓孩子去上課，想法改變行為就會改變。

朋友的孩子上了卡內基，找到自己的方向，好心的建議我們讓你去上。

小嬸說如果孩子不想唸書，讓你去工作，將來成熟了，回頭念書才有用。

一個個建議跟你說，你直覺的回答不要，根本沒有討論的空間。

有一天，你來到我們床邊跟我們說：「爸媽我要去早餐店工作」，叫我們不要擔心了，我們好高興以為自己的傷心已到底了，有了翻轉的機會。

每天早上七點叫你起床，你洗完澡，就去工作了，下午回到家，雖仍在網路中，但我們總想有工作知道辛苦，漸漸就會找到方向。

我曾想過早上七點的工作，應該不會有什麼違法的事情吧？聽到你跟妹妹說：「在早餐店工作後，你覺得外面的東西不要吃，因為真的很不乾淨」，找了你一個朋友問一下你的工作狀況，他說：「你在早餐店，工作很認真，跟人互動也沒問題，且他們這一群很多人被抓去關了，大家有心離開K他命，請我不要擔心。」

好久以來心中的一塊石頭，終於漸漸放下，我知道你不願看醫生，不願意跟父母溝通，但你似乎漸漸找到自己的方向，雖然一點點的進步，但我們在這一點點中看到光亮與希望。

有一天家裡突然衝進一群刑警，拿著搜索票，要搜索我們家，我們一頭霧水，他們說：「你牽涉幫派、毒品、槍砲」我說什麼時候、發生什麼事，警察不肯說，家裡被他們搜索，沒搜到什麼，我們陪你到警察局。

著警察訊問你，警察握著監聽紀錄，你們這一群被監聽一年多，參與公祭，在堂口出現，抽K煙，這時我們才恍然大悟：「每天早上七點的早餐店，事實是在堂口檳榔攤包檳榔……」，我們看到的光亮是光亮？我們看到的希望是希望嗎？也許你要的根本是黑暗，我們跟你說：「孩子，你真的已經付出好大的代價，可否讓爸媽幫助你？。」

你沒有回答，繼續往黑暗去，迷霧壟罩，我們伸手抓不到。

十八、接納

外公聽了我的說法，好像忽然醒悟，
原來他的外孫與別的孩子有不一樣的特質，突然了解，
接納孩子的特質，比對孩子設立規定還重要……

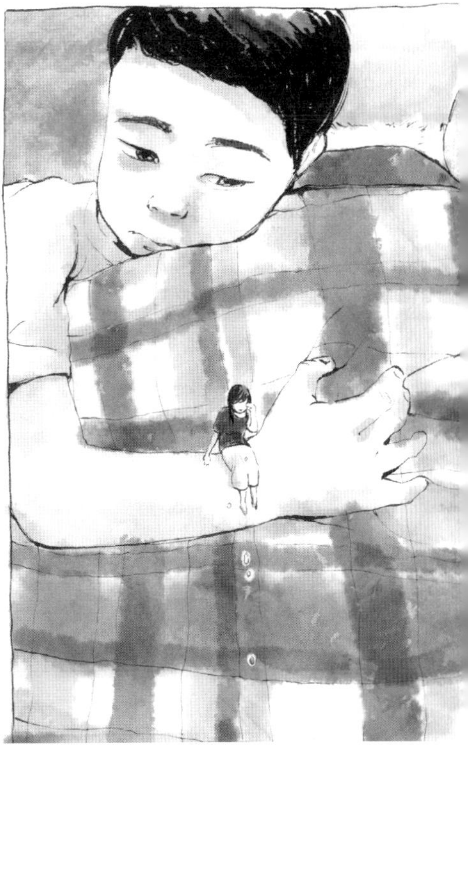

有一天，我接到一個老師打來的電話，有個新進案子的孩子很麻煩請我們幫忙，我請她傳些相關資料來，通常這時候，我知道會是各方抱怨的資料。

過了幾天我見到了這個孩子與外公及媽媽，一進談話室媽媽馬上給我兩張信紙，第一句就寫下：「你千萬不要被這孩子騙了……。」

媽媽說我們是很有規矩的家庭，但這孩子一直偷錢買零食吃，下課應該要回家，但都去朋友家鬼混，媽媽大聲說：「你們把他帶走吧！他應該讓其他單位把他教好。」

看了沒有為自己講話的孩子，我請生氣的媽媽先出去。

在談話室裡外公接著說，孩子出生時爸爸就抱回他家，夫妻離婚，媽媽從此沒有見過孩子，爸爸酗酒，後來在海邊死掉，孩子被送到育幼院，小孩喜歡吃零食與飲料，育幼院沒法照顧每個孩子的需求，他就開始偷，偷遍附近的便利商店，但大家都選擇原諒。有一天爸爸有一筆死亡保險金下來，姑姑就把孩子帶到她身邊，但保險金花完了，姑姑也不要這孩子了，後來社會局查到孩子還有媽媽，就把孩子送到媽媽這邊來。

外公與媽媽家對孩子有很多的限制，孩子有過動問題，覺得吃糖會讓過動更嚴重，限制他不能吃甜食，因為打電腦會晚睡，早上起不了床上學，就把電腦送走，這樣的生活對一個過動與青春期急躁探索的孩子是很難忍受的。

我問了孩子你住過姑姑家、育幼院、現在在外公媽媽家，你要繼續住下來嗎？

孩子考慮了幾分鐘後說他喜歡現在的班上，三十二個同學都是好朋友，他不想轉學。

經過一番考慮後，我跟外公說：媽媽照顧與接受孩子有困難，但不表示家庭就有權利把他送出來，在這個家裡，外公可以先學習接納這孩子，過動的孩子吃糖是沒有很大的影響，孩子愛吃零食、飲料也不是什麼大錯事，家裡如果不能給孩子電腦玩，家裡只有一個孩子，回家也不能只是面對牆壁，建議同意孩子放學先到同學家一起作伴，十點前回家睡覺，看到孩子做事和自己想法不同的地方，就接受他，不要老是說他的不是。

外公聽了我的說法，好像忽然醒悟，原來他的外孫與別的孩子有不一樣的特質，突然了解，接納孩子的特質，比對孩子設立規定還重要，他表示知道應該怎麼做了。

在談話室，孩子坐在位子上，背後的百葉窗被他一直拉上拉下，這類的學生我知道他們通常有過動症，一星期後，我與外公帶孩子去醫院兒青身心科作過動症評估，經醫師確診，我們領取了改善過動症的藥物。

現在我、心輔員、學校、外公是孩子的防護體系，因為外公接納了孩子的不一樣，跟他成為朋友，孩子在家有了安全感，現在孩子放學就會回家，假日外公帶著孩子外面走走。外公用手機幫孩子照了好多照片，外公不是愛照相的人，有一天孩子鼓起勇氣說：「外公我們一起照相好嗎？」

外公與孩子有了第一張自拍照，外公好高興……

因為接納，彼此的生命有了不一樣的狀態。

這個家還有在一旁的媽媽，原先婚姻的傷痛還一直藏在內心深處，因為太久沒有跟孩子一起了，才會一直數落孩子的不是。

我跟孩子說媽媽跟他一樣是受傷的人，如果他好了，我們要一起關懷媽媽，媽媽如果還不能接納他，不是他的錯。

因為媽媽還在受傷中，我們要陪媽媽把這個「痛」釋放出來，雖然很痛，學習面對它，告訴「它」辛苦了，我們才能跨過這個傷口，超越它，讓這個傷口癒合，不再隱隱作痛。

十九、曾經我們想像幸福的樣子

……窮苦流浪的孩子，曾經想像幸福的樣子，
那怕人生中受盡各種挫折，只要走回正路，也是什麼都能有……。

外省老兵跟著政府來台，年紀大了，娶了個年輕不精光的姑娘，生了一窩小孩，爸爸老了，突然過世，媽媽不知難過，就會傻笑，外婆接替照顧孩子，舅舅幫忙撫養，幾個女孩送人，幾個來不及長大夭折了，剩下五、六個小孩。

食指浩繁壓力大，舅舅動不動就責罵或毒打，國中後有姐姐逃離舅舅家，跟男人跑了，接連其他姐姐國中後也都逃掉了，大家去酒店上班，姐妹們在外有個破舊的家，接了媽媽同住，大家也是生一窩孩子。

只剩那個弟弟阿通被舅舅管住，舅舅常說不要像姐姐那樣，成為社會的敗類，舅舅努力管阿通讀書寫字，感覺像幫阿通的媽媽教這個孩子，但舅舅語氣充滿了輕藐與不屑，阿通考不好，就打罵他說：「你跟你媽一樣是白痴嗎？」，舅舅講得理所當然，對阿通來講卻是無盡的恥笑，舅舅很努力，但他與國中老師搞不清楚，為何阿通成了學校最壞的學生，有了恐嚇與偷竊行為，沒人教得了阿通。

後來阿通逃到姐姐們與媽媽的家，案子進到法院，調保官去警察給的住址，找到的是偏遠垃圾堆中的貨櫃屋，媽媽傻笑不說話，頭髮沾黏的姐姐也說阿通不學好到處玩，城中流浪漢的家庭，貪玩的孩子，大家都不知道怎麼辦？

阿通跟著幾個玩樂的孩子，交往國中女孩性交往，恐嚇、偷竊、妨害性自主案件，被關進收容所，阿通無所感，調保官曾因阿通的家庭狀況，安排安置單位，但是姐姐不忍心，接他到夫家同住，混亂的阿通在另一個城市還是東搞西搞，阿通像一顆毒瘤，大家不知所措，判刑八年，阿通需要到少年監獄執行。

少年監獄是關法定犯重刑度青少年的地方，依矯正條例辦為中學型式，老師在這裡為孩子們豎立生活規範，長時間親身教導這些全省最暴戾的青少年，因為像父母般的奉獻，放棄好多外放升官的機會，陪伴這些孩子們重新成長，因為好幾年的徒刑，少年監獄反而設計成一間除了不能外出外，外表磚瓦西式建築，有各種學習場域與社團發展優勢能力，孩子們也能養寵物培養照顧能力與穩定學習一技之長，為在學校放棄學業的孩子重拾時間好好讀完國中與高中，找回自信心，考上大學，希望在二十幾歲時能回歸社會。

阿通在少年監獄經過浴火鳳凰般的鍾煉，幾個難兄難弟彼此互相告誡提攜成長，假釋的時間到了，阿通回到搬至公寓姐姐的家，跟媽媽同住，姐姐在街角開了檳榔攤，阿通說想要考大學，參加了學測考試。

阿通跟姐姐同住，姐姐的孩子說謊，姐姐追著孩子責打，阿通阻止姐姐，自己跟侄子說：「你是不是遇到了什麼困難，才要說謊？」，孩子眼淚掉下來……，聽到這一幕我想起了阿通在國中為何會變成學校最壞的孩子，阿通一定也是遇到什麼困難，自己講不出。

阿通考上了大學夜間部，好高興自己成了大學生，白天工地打工，晚上是奮發上進的好學生，同班同學為阿通的進取精神很感動。

阿通遇到國中的青梅竹馬，青梅竹馬早早嫁了男人，幾年後發現男人好吃懶做打老婆的真實面目，兩個離婚各分得一個孩子，那男人把兒子寄養在奶奶家，奶奶要工作，常常就把孩子放在螃蟹車，咬著奶瓶遊逛，阿通陪青梅竹馬去探視男孩，總見男孩東一塊西一塊的傷疤，阿通每每提起，像是自己兒子受了傷，青梅竹馬打起監護權訴訟，好吃懶做的男人在法官面前演一場工作辛苦、愛護兒子的好戲，青梅竹馬看到自己的孩子受暴，還是不能拿回監護權。

阿通看到青梅竹馬的心傷，下定決心要保護她，兩人交往，阿通會陪女友去看與前夫生的孩子，看到孩子被他父親不負責任的放在鄉下，阿通心好痛，我一直在想阿通是不是也記起多年前放在舅舅家被責打與怒罵的自己。

阿通要照顧女友及她與前夫的女兒，他把孩子視如己出，阿通換到加油站工作增加收入，因為童年被誤解的難過，阿通很能了解人內心的脆弱，自己認真工作，帶領同事們突破困難，大家的業績上揚，公司看到阿通的領導能力，升為副站長。

工作責任大，阿通要照顧女友與女兒，也常常去看前夫放在鄉下的兒子，突然又發現女友懷了自己的孩子，阿通很愛小孩，工作與學業及家庭三頭燒，阿通多方深思後，忍痛放棄了大學生的夢想。

阿通與女友決定共組家庭，雖然姐姐們都反對，阿通說妳們自己不都是離婚又帶著孩子再嫁，姐姐雖然不想弟弟重蹈覆轍，但也阻止不了。

在孩子生下幾個月後，阿通請我去參加他的婚禮。

常常參加都市婚宴經常幾萬起跳，一入桌各式婚宴禮物，唯美燈光幸福音樂，專業攝影與婚秘，婚禮主持人帶來各式遊戲，男女主婚人與新郎新娘，在大家祝福聲中，照相錄影留下愛的證明。

在市場內的餐廳，有簡單的舞台，我看到阿通的媽媽穿著紅色的喜服，坐在桌邊怡然的傻笑，阿通的姐姐們張羅當招待，十幾個大大小小的侄子姪女像在遊樂場跑進跑出，入口有瘦瘦的阿通與胖胖的新娘照片，喜宴開始，二十歲出頭的朋友當司儀，高喊伴郎伴娘進場，幾對從宴客桌的年輕少女少男穿著夜市的白色薄紗衣裙與一套兩三千的西裝，走出來像辦家家酒排隊進場，舞台的燈光是幾串聖誕節的一閃一亮燈，司儀喊切蛋糕，一位伴娘匆忙到市場冰箱拿出一個八吋蛋糕讓新郎新娘切，新郎新娘敬酒，我看到朋友以手機幫忙照相。

窮苦流浪的孩子，曾經想像幸福的樣子，那怕人生中受盡各種挫折，只要走回正路，也是什麼都能有……。

二十、痛

漸漸地了解父親也是受苦的人，因為精神疾病諱疾就醫，
讓他自我傷害也傷害家人，姐妹原諒爸爸，讓爸爸——飛，
也讓自己——自由。

爸爸十六歲後，常常覺得耳邊出現聲音，有時罵他，有時跟他說話，他對著聲音回應動作，爺爺奶奶不能理解，帶他去收驚，乩童說十四歲的雙胞胎弟弟過世，鬼魂不願離去，回來跟著哥哥，之後只要爸爸耳朵出現聲音，大吼大叫，爺爺奶奶就帶去廟裡收驚，讓爸爸身心安頓，這樣過了十餘年。

媽媽二十歲時，認識外表看起來還正常的爸爸，交往沒多久，因為懷孕，只好結婚，生下大女兒梅綺，爸爸耳朵的出現的聲音次數越來越密集，嚴重時爸爸還口吐白沫，出現癲癇症狀，有人建議爸爸去精神科就診，爺奶不忍心兒子被稱「瘋子」，只帶爸爸去廟裡收驚，但耳朵的聲音越來越多，爸爸也越搞越亂，現實或耳裡的世界，爸爸搞不清楚，用酒來麻痺自己，漸漸的爸爸沒有能力到外面工作，媽媽為了養家，外出做工，回家還要承受父親疑東疑西的言語，半夜爸爸沒有安全感或是為了發洩對抗耳邊聲音的壓力，對媽媽索性，媽媽承擔白天的工作的辛勞，還得忍受爸爸野獸般的性羞辱或施虐、強暴，母親不堪，但精子仍流入體內，生下了老二梅欣與老三俊安。

媽媽不堪這樣的負荷，逐漸出現焦慮不安、哭泣、睡不著，為了三個孩子，還是需要做工賺錢，擔負家計，媽媽去醫院拿了抗憂鬱劑、安眠藥，但引發問題的是爸爸，爸爸不去看醫生，每天喝酒、罵人像瘋子一樣，媽媽吃再多的藥，也解決不了憂鬱的根源，媽媽承擔的壓力過大，曾在爸爸半夜瘋狂索性的時候，動過殺掉先生的念頭，但想到自己要去關，三個孩子沒人照顧，無依無靠，非常不捨，念頭暫時壓了下去。

梅綺、梅欣、俊安從小看著爸爸狂罵、喝酒、對母親施虐，爸爸很煩時，三個孩子也是被毒打的對象，因為是自己的爸爸，孩子不懂的反抗，默默忍受。

沒有就醫，爸爸耳朵的聲音，像魔音般的在腦內亂竄，以喝酒或對太太、孩子的施暴減輕自己的痛苦，但看到太太對自己的恨意或孩子看到自己眼神反映出的驚恐，爸爸也很痛恨自己。

有一天耳朵又出現大吼大叫的聲音，爸爸拿起繩子要把自己吊起來，阻絕那聲音，梅綺在旁邊大叫「爸　爸　不　要」，喊梅欣趕快打電話給媽媽，年幼的俊安不懂爸爸為何拿著繩子，被大姐、二姐的哭叫聲嚇呆在一旁，但爸爸只想要結束耳朵的聲音，繩子掛在窗台，頭往繩子裡套，兩腿一伸，孩子的哭叫聲與耳內的聲音——嘎然而止。

三個孩子親眼看著看著爸爸往生在窗台，梅綺、梅欣的哭聲也止不住爸爸飛去的魂魄，俊安還是呆立在一邊。

媽媽趕回家，看到這個畫面，急著拿椅子跟梅綺、梅欣將爸爸的身體移下來，梅綺將爸爸的頭從繩套拿出來，是看到爸爸往生面容的第一人。

梅綺那時國二，梅欣小六、俊安六歲，爸爸生前讓他們感受的恨意，從沒有讓他們有發洩情緒的機會，又在三個孩子面前離世，在孩子的心裡烙印上的「痛」，久久不離。

匆忙辦完喪事，從此沒人在家提「爸爸」兩個字，學校很注意梅綺、梅欣的傷痛輔導，但兩個孩子隱藏的很好，因為他們決定不要再跟「這個人」有關係，要關閉跟這個人的畫面，母親仍受憂鬱症的困擾，長期服用抗憂鬱劑，讓自己的心稍能安定。

幾年後梅綺、梅欣出社會工作、有一天梅綺經過教會，不自主得走進去，聽到傳道講道：

「耶穌說：『我是世界的光，跟從我的，就不在黑暗裡走，必要得著生命的光』」（約翰福音8:12）

「你們當負我的軛，學我的樣式，你們的心裡，就必得安息，因為我的軛是容易的，我的擔子是輕省的。」（馬太福音11:29—31）

「我留下平安給你們，我將我的平安賜給你們，我所賜的，不像是人所賜的，你們心裡不要憂愁，也不要膽怯。」（約翰福音15:27）

梅綺眼淚狂掉，覺得自己多年來躲在黑暗裡，終於得到光的指引，回家分享給梅欣，帶妹妹一起到教會，在講壇上頂端看到耶穌背十字架的雕像，姊妹倆都哭了，那像她們倆多年來拒絕談論「爸爸」，把自己的苦與恨，隱藏與背負，但父神說：祂會為我們承擔，兩姐妹如釋重負，每星期欣喜去教會，讀經、祈禱、唱詩歌，得到內心的充實與平安。

漸漸地了解父親也是受苦的人，因為精神疾病諱疾就醫，讓他自我傷害也傷害家人，姐妹原諒爸爸，讓爸爸——飛，也讓自己——自由。

二十一、暗黑

每晚爸媽在他們的祈禱中，
希望神引領我選擇正義，
我不知道黑道真實電影看完了沒有，
暗夜後會邁進黎明，聽到早上我媽
在我門口的腳步聲，
我希望有一天能開門回應，
媽我起來了。

一、

從小爸媽把我當寶貝養，三年後媽媽生下妹妹，我大哭，三歲的我，不能忍受我媽媽抱別人，叫媽媽把她送走，我知道有人跟我分走爸媽的愛，一股來自天生的妒意。

其實有個妹妹還蠻好玩的，我們兩個會一起玩，一起打鬧，也一起作伴，但我有的生日或其他儀式，妹妹也都有，每次看到大人的注意力在妹妹身上，我就莫名地生氣。

從小我學鋼琴與踢足球，妹妹彈琴與跳舞，小六我還當上足球隊長，多次鋼琴表演，還買了大提琴用心拉了二、三年，曾經我媽媽帶我與妹妹去參加奧福鋼琴檢定，我彈完手心都是汗，我與妹妹都通過檢定。

小五老師覺得我比較不會分辨情緒，有時過度不以為意的調皮或以為交朋友式肢體的衝撞，白目招惹到別人，我自己都不知道。有一次學校要每個班有個表演，我們老師寫了個劇本叫〈相親相愛〉，就是有個同學小豪白目被人一直欺負，很可憐，大家接二連三排斥，後來又霸凌，但班上有個同學開始對小豪表達善意，接二連三大家也對小豪關心了，最後全班圍在一起，大家手拉手，高唱「當我們同在一起」，表達班上要相親相愛。後來大家討論誰要演小豪，好多人都指著我，我好高興接演，還跟我媽媽用剪刀把一件衣服剪得都是洞，當我的戲服，那天演完有同學的媽媽說我是最佳男主角。

老師建議媽媽帶我去過動兒門診，醫生評估後開了專司達，我平時下課跳來碰去，經常坐三角椅，還被老師說換教室要帶自己的椅子，不要把別人的椅子弄壞，開始吃藥後，有一次我媽媽到學校看我，下課我竟然在教室乖乖看課外書，那一次我竟然考班上第七名，我期望自己好好唸書，好好踢球，我要去讀這個城市有最好的體育班的高中。

國一我還是個乖乖牌，國一的校慶班際有園遊會，我跟同學策劃一攤賣乾冰汽水，當天我叫賣得好熱鬧，是我們班生意最好的一攤，好多人跟我媽媽說，我真是個熱情的孩子。

二、

但一切都在國二變調了，我長高、變聲了，有些學生躁動的在反動，我好像開啟了自覺，我想走自己的道路。暗黑籃球場，一群對人生不服輸的人，功課不一定不好，只是現在對讀書沒興趣，我們電影看太多，每個人心裡都有個夢，我們夢裡住的是黑道大哥。從小星期天去的教會都是父母叫我去的，關我什麼事，我是我，我怎麼有過動呢，我才不要吃藥呢？學校那個後面跟最多人的大藍，聽說他就只有個奶奶照顧他，大家可以在他家出入，好多人蹺課往他家跑，我媽媽發現我不一樣了，醫生覺得孩子不要就不要，要給孩子自由選擇的空間，媽媽只好放手尊重我的選擇，但醫生一定不知道我晚上不留在家裡，我們一群好奇的孩子跟著吹著迷魂狼笛聲的大藍，走進暗黑裡。

大藍抽煙給我們看，我學起吞雲吐霧，晚上我們一群人待在公園，沒有回家，媽媽找到公園，我好尷尬，媽媽跟大藍聊了天，大藍竟說他在準備基測，要考公立高中，我媽媽天真的說，那我教你們大家一起念書，約定的那天，有幾個朋友來，大藍一直拖延說他在圖書館，我媽說會等他，不得已兩個小時後他終於來了，我媽媽很認真的教我們，大家約定兩天後大家在一起唸書。

我媽媽認真的舉動，讓大藍嚇了一大跳，隔天他在學校暗示我，他不會再跟我媽媽見面了，他舅舅在學校一百公尺開了電玩店，叫我放學就去那邊。我曾夢想當一個足球隊員，小六我還是足球隊長，但我的同學們跟著老師們的價值觀，說努力的人會有收穫，自在的大藍把這些都當狗屎，我們一群孩子覺得他好屌，爸媽都著急死了，我找各種理由要當自己。

看到大藍只有奶奶，沒有什麼約束，我為什麼要受父母老師的擺佈，從那一天我將吞進的過動藥，吐出來，放在鞋櫃上，我就是我自己了。

白天我幾乎就在學校放空，晚上跟大藍在公園遊逛，在暗黑世界悠遊，我吵著不要唸國三，不想要一直在溜冰的大同，也來到暗黑籃球場，曾經稱霸小提琴省賽的阿元也被吸引進來。

國中基測考試，那天好幾個國中學校，在一個高中辦考試，奇怪怎麼訓導主任與好多警察都在考場巡邏，一節節考完，秩序還算良好，怎麼在倒數第二節下課，傳出好大的咆哮聲，兩群拚陣，警察馬上圍住，訓導主任也趕快跑去，還好壓陣下來。

後來大家說，大藍這邊的女孩說被其他國中的考生要電話，大藍知道，要教訓那個考生，那考生跟他的老大求救，兩個老大都不能忍下這口氣，拉著小弟，不顧正在進行的基測，警察強勢區隔，才解決這場考場危機。

我們那天也有被大藍叫去支援，還好訓導主任壓陣沒有出事，其實我也有想過這樣不太對，我自己想想我可能愛煮好吃的，我覺得離開大藍從新開始，於是我自己找好東部餐旅五專，新任的校長很有辦校的理念，爸媽與我都期待這新的開始。

三、

我一個北部孩子到東部，在我這個年紀好奇感重，老師說什麼，只要有人唱反調，我就跟著起哄，離開家要自我管理，住在宿舍，全省各路人馬聚集，有個室友傻理傻氣，真的好好念書，我跟著幾個會打撞球的成了一夥，之前我跟爸媽說我要打工賺自己零用錢，找了一兩個便利商店，沒有回應，我晚上都去打撞球了，同學常說台北來的很有錢，其實我爸媽也很辛苦，但我又愛裝闊，同學激我要我出錢，只好跟爸媽說一個月五千元，我已打電話要了第二個五千元，大家撞球聊天到很晚，隔天沒去上學，學校曠課單一直寄回家，父母電話問我，只好更大聲的兇他們。我以為台北是複雜的地方，但這裡也是有同樣的人，有人給我Ｋ煙，我沒有拒絕，台北來時我有八十公斤，漸漸我越來越瘦，後來只剩鳥腿，我媽媽跟爸爸商量讓我回到台北，聽到可以回台北，我偷偷放下心裡的大石頭。

大同的爸媽將他送往國外有名的溜冰學校，阿元的爸媽一直責怪對方沒把孩子看好，兩人離婚，阿元被送到遠方的爺奶家，原以為我們沒有大藍，生活就會回到軌道，其實在東部、在國外、在遠方都還是有不同的大藍與暗黑藍球場，我們一樣淪陷，我們仍然讓父母不知所措。

大藍升級了，之前他教我們抽煙，現在拿出夾鍊帶掏出白粉，叫我們抽K煙，或拿出冰糖，教我們作水車，我們在暗夜吞雲吐霧，秉燭夜遊，向未來借時間，幾天的沒睡，兩眼黑框的青春骷髏，又是幾天沉睡的日間昏屍。

各路幫派早就看到大籃豢養的徒眾，中山詐騙出手，北海毒品灑藥，四竹賭場酒店招兵買馬，我們一群好奇的子弟兵，走向大藍外圍的幫派圈。

我讀了第二個高一夜間部，有了毒品的加持，父母更管不了我們，我們天不怕、地不怕，黑衣、黑鞋是我們的標準服裝，哪裡老大過世，我們被叫去點頭，這是初出社會的見面禮，跟著各路我們公司的小老大，公祭花式移步換位，我們是很有紀律的烏合之眾。

我勇敢的要作我自己，大同常來我家，他爸媽每天奪命連環扣，叫他去學校，大同昏睡在電話中說好後，我們兩個繼續睡覺，大同他媽跟我媽說：「我們大同現在聽不進爸媽的話，麻煩妳把大同當自己的孩子一樣關心」，這樣的請求，我媽媽看著兩個昏睡的我們，不知道怎麼說不好。

每天媽媽跟我說有什麼問題，我們好好討論，我們還去家庭諮商，我自己談一個小時兩千元，爸媽與我三個人家庭諮商一個小時四千五百元，大人說什麼我都不要，怎麼會因為諮商改變呢？兩個月後，我不玩了，諮商師單獨跟媽媽談，諮商師向我媽媽說，我吸毒、賣毒送毒品、加入幫派，這麼殘酷的事實，我媽媽知道，在諮商室哭得好大聲、好大聲……。

四、

阿元他看到賣毒的利潤，自己租房子，買了磅秤、批貨各式毒品分裝，當起了藥頭，小小的年紀，在藥頭世界拚場，阿元闖出名氣，引起了警方的注意，有一天在阿元的租屋搜索人贓俱獲，阿元不想被關，不想失去自由，竟然用皮帶刀自殘，阿元可能不小心劃那麼多刀流血過多或是他不惜用鮮血對抗這個世界，阿元的死亡在暗黑世界貼上血印，那天他的喪禮，人山人海，黑衣兄弟歌聲傳唱、大旗飛揚。

大同也夢想做大，當起組頭，但藥害常常讓他幾天昏睡，醒來又拚場，追藥時怒氣橫發，打東殘西，阿元事件早引起警方的注意，持續將有關的兄弟監聽搜證，我們一群蓋頭鰻要稱霸世界，在電話豪氣的毒品交易小屁孩行為，很快被警察一網打進，大同最快被移送法辦，為避免藥物繼續殘害，法官很快將大同送輔育院，警方慢慢收線，我們這群聽著大藍迷魂笛的孩子們，夜間不停的飛舞，飛蛾撲火，一個個被移送法辦。

我關進了少觀所，好久沒有過制式的生活，少觀所三教九流，好多人少了爸爸或媽媽的關心。談起我，大家就覺得好命家的公子，我也不想惹什麼麻煩，靜靜的在舍房看我的書。小時候我七俠五義看了好多次，也常看三國演義，少觀所很多的書，我就一直看，也很愛看漫畫，每星期父母探望，我要他們幫我帶寶島少年漫畫周刊。這幾年看到父母就覺得煩，家庭的聚會我也都不參加，在這個家消失了，像個影子。妹妹讀高中了，從小她學跳舞，我踢足球，踢得很好，但到國二我放棄了，她國二挺上去了，考進了我小六夢想進的高中。幾年來我對父母的對話就是「不要」與「大聲的不要」或「更大聲的不要」，我不在這個家後，媽沒有再擺放過家庭照，家庭照只停留在國一全家墾丁遊玩的那一天。

我關進去的第一週，爸媽帶著在上學的妹妹請假，來少觀所看我，這是幾年來我們四個人家庭的第一次團聚，竟是要隔著透明玻璃窗，我的妹妹國中的時候，我曾在學校放話，不可以有人欺負她，我沒有討厭她，但我就有心裡吃醋的那一塊。隔著玻璃窗，爸媽說帶來我愛吃的炸雞與寶島少年，我們四個人眼眶都紅了，爸媽跟我說過去就過去了，要我好好自己想未來的方向。

五、

我不知道過去有沒有過去，但這些戰友是我青春的兄弟，法官禁止我們連絡，我怕再關，表面上答應，我也覺得過動要應該去看醫生，我會去工作。但出所後，大概幾天的早睡早起後，我決定不要念書，看醫生又覺得自己可以靠自己。被管著不要犯法，偶而還是不能克制的回去找老朋友，怕被關，不敢太誇張。保護官努力的帶我，我也去盼望團體，我從小在教會成長，在教會唱詩歌、聽經文故事、祈禱都是熟悉的事，有時候我忘記自己的反叛，在詩歌中，回到童年真心相信我是神所愛與在意的孩子，開口跟大家一起唱，等我回過神，又當回酷酷的青春少年。爸媽與妹妹在接我回家的那一天，我答應一起去餐廳吃飯，我們終於照了一張多年來一家四口的照片，媽媽珍藏在她的手機。也在多年後第一次我回到老家，家族爺奶叔嬸姑丈堂兄弟姐妹，大家好高興終於有機會親手把紅包交給我，拍拍我的背。往後幾年我換了幾家餐廳工作，小心不要犯錯，也平安當完兵，終於在二十一歲我法院的案子要結束了，我不會在有保護官的約束，我可以做回我自己，但哪一個是真正的我呢？

大藍從輔育院後回來走老路，騙騙小屁孩，到處借錢沒還，名聲臭到底，大同被父母限制，只有走好路，才可以得到家庭經營成億的事業，我被管得煩了，這次在家裡躲起來，雖是在家，我的心好遙遠，爸媽擔心我走老路，請盡了我在意的師長，但我誰都不見，我是黑暗的昏屍還是再次等待黎明甦醒的靈魂？父母只能回到向神訴說，每天媽媽在我門口默禱，我聽著她的腳步聲，走近又離去。

曾經在我國中吵著不要念書時，我媽媽跟我說將來我一定會後悔，我說永遠不會，我在一張紙上寫上我的不念書的誓言，好幾年過去了，我妹妹舞蹈學院畢業，在舞團工作，堂兄弟姐妹也紛紛大學畢業，人生各奔東西，我不知道我有沒有後悔，我以為我是勇敢的那一位，還是大家都已在不同的遠方，只有我呆呆的待在原地。

六、

我想我還是不甘心，我走的是一條錯誤的道路，我應該只是走不同的道路，聽過黑道漂白嗎？會走黑道的孩子常常也是很聰明，現在大家不時興賣毒傻到被警察抓，而是作起房地產、收垃圾、回收、廢土、廢油，大家開了公司，不再是老大，而是執行長，沒有黑衣黑鞋，穿起名牌西裝服飾，我再度甦醒，從那天手提電腦公事包，跟在執行長旁邊好好學做事，爸媽說醒來就好，只要不是毒品殘害，都是學習的過程，都有機會修正。

每晚爸媽在他們的祈禱中，希望神引領我選擇正義，我不知道黑道真實電影看完了沒有，暗夜後會邁進黎明，聽到早上我媽在我門口的腳步聲，我希望有一天能開門回應，媽我起來了。

二十二、落下了

他是我的了，他落下了，他自由了，家人也放下了，
不用再擔心與等待，
因為知道他去哪裡了。

就像一般的父親與母親生下一女一子湊了個好字。

父親與母親從事設計工作，父親溫暖、母親理性講求盡自己本分地生活，夫妻個性能互補、沒有強求誰須主外或主內，冰箱上貼著一家四口在合歡山雪地上的合照，小天笑得好燦爛，姐姐淺淺的一字型微笑，父親在兩個孩子後面摟著母親，畫面在雪地，感覺溫馨與美好。

小天不時跑跑跳跳、毛毛躁躁、情緒多，姐姐靦腆、不多話、動作溫柔、自我要求高，大家都說弟弟好活潑，姐姐好乖。

國中後姐姐維持成績好、行為端正，但小天好像跟老師犯沖，老師叫他坐好，他就會漸漸站起來，一般能夠欣賞孩子不一樣特質的老師，就會微笑不予理會，但如果是要求高的老師，就覺得小天造反。

小天坐好—小天偷偷站起來了。

小天請你坐好—小天往教室後面走去。

小天請你——老師越來越大聲——坐好！小天仍站在教室後面。

老師火了—我是老師，竟然叫不動你。

「回到坐位上」，老師衝到後面，拎起小天的領子。

小天看到老師氣呼呼過來，也不服老師為何叫他一定要坐下，直覺的反擊老師，老師的手擋住自己的身體，小天往老師推去，老師後退，小天就更往前，向老師的手部推下去，老師跌倒了，同學大叫，小天回過神，但老師手部與肩膀都有推撞傷，管教學生竟然被學生打，這是怎樣的世界，老師憤怒不平，這孩子如果不受教訓，如何建立起尊師重道？小天害怕，家長道歉，老師仍堅持告上法院。

在法庭上，小天自知錯誤，家長頻頻道歉，法官裁定小天需要接受輔導。

青春期的小天，在輔導時接受法治教育，建立是非概念，但身體的躁動，在學校已有一票學生把小天吸收過去，阿一單親，父母光是阿一監護權屬於誰就吵得天翻地覆，二人放學後不想回家，只要到捷運站，就有好多相似的朋友聚集，青少年玩得瘋，你罵我，我就嗆你，誰也不服誰，這一幫人打了那一幫人，那一幫家長不服，就告進法院，一群人法院裁定責付不宜收容兩星期，之後在法庭稱知錯悔改，法官裁定交付保護管束，小天責付後，學校就請家長辦理轉學換個環境，以免一群認識的人在學校一直糾結。

近市郊國中人數不多，學校較能接納小天，小天不用每天在無數坐下的指令中為難，上課的老師讓小天有自由的空間，想上課的時候坐下，不想上課的時侯，站起來走走，但那一群好友教會了小天抽煙，十八歲前學生不能抽煙，學校下了輔導指令，小天參加戒煙班，小天在父親的陪伴下，每次去聽衛教課程，到底有沒有戒煙……天知道？少年保護官覺得小天一直坐不住，情緒反抗權威，對課業無心投入，建議父母帶小天至兒青科門診，作過動兒評估，醫師很快下出過動診斷，並開藥利他能，父親一直是老子思想，覺得人可以掌握自己的心志，怎能讓白色小藥丸控制兒子的心志，父親自己試藥，父親沒有過動症，利他能對父親沒有發生神奇效果，小天也不願吃，藥就放在放在家裡的桌上，沒有第二次回診。

媽媽自我要求高，陪了小天幾次出入訓導處感覺尊嚴掃地，內心受傷，從此不再出現在學校、法院等家長須出席的地方。

在前三志願就讀的姐姐，她搞不清楚要不要認這個惹麻煩的弟弟，還沒決定要不要看不起弟弟，就讓小天這名字跟自己越來越陌生了。

郊區的國中，沒找小天麻煩，因為上學出席率不到一半，領了一張修業證書，混北邊角頭的阿一已吸引收了小天。

小天不想進高中學校，就去一間炸雞店，賣小雞塊、薯條、甜不辣，很多學生排隊，生意好，每天老闆會發薪水，但下班後老闆吆喝去喝酒，大家一起出錢，簽網路運彩沒賺什麼，但一次賭博球板，就讓小天賠了二十萬，老闆打電話給爸媽要父母付錢，到底要不要付呢？媽媽說不付，爸爸擔心小天有生命的安危，心痛的將自己的私房錢付給老闆，請老闆不要糾纏小天。

小天其實與北角的幫會牽扯了，十五歲的小天長到一百七十公分，K他命讓小天越來越瘦，半夜游蕩的小天被警察臨檢，又再移送法院。

法院看小天與北角的糾結，跟父母商量將小天送到園投的教會，希望身心靈可以重整，小天因為工作與體力的訓練，變壯變高，暑假夏令營集訓後，大家看到炯炯有神的小天，父母高興小天的改變。

內心仍是糾扯，希望經由時間的過去，小天能獲內心的平安，但一個新去的阿凱私帶的K粉，讓同房的小天馬上破功，塑膠的味道，驚動了教會，叫來警察，二人馬上再送法院。

關了幾個月放出來，小天跟父親說要到外面工作，爸爸相信小天每一句說要改變的話，透過關係安排一個裝模機械的工作，前幾天看小天努力工作，住宿舍，父母覺得孩子進步了。幾天後兄弟一聽說小天出來了，放消息找小天，小天不捨父親，但更怕對不起兄弟。

有一天晚上，小天不見了，到底去哪裡呢？父母再也找不到小天，小天傳了簡訊，「爸，我走了，不要擔心，不要找我。」

幾年來，媽媽已心冷了，如果心熱，就會受傷，心冷就沒感覺，爸爸一直捨不得，因為一直找不到，只好幾天就發個簡訊「照顧好自己，記得吃飯，爸爸愛你！」

北角大哥與毒品呼喚，一見面小天就淪陷了，幫會圍事，討債任務，小天不怕死的個性，大哥欣賞的不得了。

小天敢衝敢撞，吸毒後膽子更大，幫會大哥積極培養小天。

北角幫會壯大，南角的勢力被侵犯，南角老大設了局，一如第一次對嗆老師入了局，南角的十幾把刀把小天砍得支離破碎，體無完膚。

父母知道小天的行蹤了，那天警察通知家人，爸媽與姐姐知道出事，但怎樣也沒想到這種情況，看到醫生無從下手救回小天。

中年喪子是人生的慟事，但很奇怪的是爸、媽、姐也沒特別的哀傷，能哀傷什麼？明知的結果，每次電話……，喂喂我是××警察局，每次都是小天傷害、K他命、賣毒、殺人的案子，父親陪同開庭，送小天去關或賠錢等，終於小天這次是被害人，不用賠錢了。

白髮人送黑髮人，長輩不能送晚輩，沒有豐功偉蹟，喪禮就不用鋪張，但北角幫會來跟父親商量，就讓兄弟來送吧！所有的喪禮內容由兄弟籌辦，父親那天不避諱出席坐在第一排，前前後後來了兩百多位比小天小一點的小屁孩或跟小天一樣二十歲出頭的黑衣人，六位大哥在前庭一一答禮，北海幫會、東南幫會……，黑壓壓一大片，警察還動員來搜證錄影。

小天十三歲時我認識他，在他二十歲時來到他的喪禮，因為長者不能祭拜，我就只能在後方遠遠觀望。

喪禮結束後，兄弟們走了，能真正陪小天的仍是爸爸、媽媽與姐姐。

小天愛自由，家人選擇海葬，爸爸說火葬後，他在自己的小小罐子項鍊放進小天的骨灰，一直戴著，他是我的了，他落下了，他自由了，家人也放下了，不用在擔心與等待，因為知道他去哪裡了。

二十三、解

孩子走在一條黑暗的道路，……

萬一跌倒，父母來到團體彼此鼓勵，家人的心團結在一起，有了能量，看到不爭氣的孩子，就能一步步接納，不再只是責罵、諷刺、酸言酸語，……

這是一條長久修復的道路。

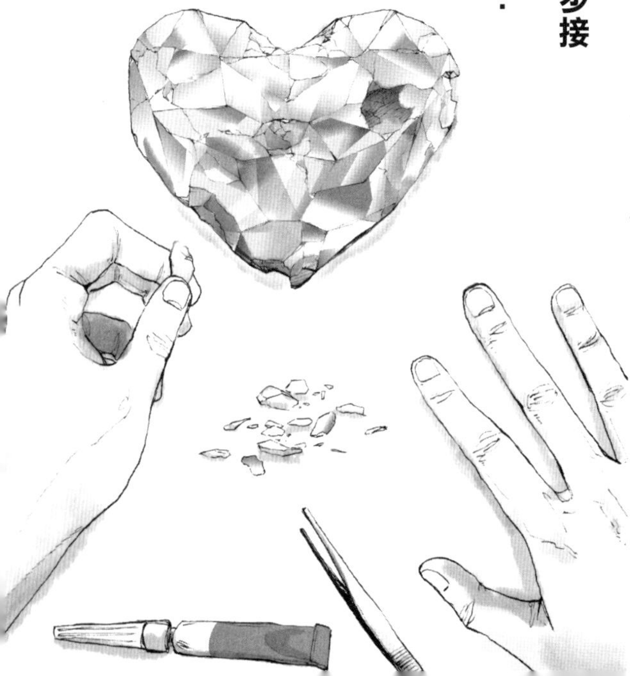

阿文的爸媽，幾年來工作沒什麼起色，媽媽憑著廚藝的能力，頂下小吃攤拚拚看，夫婦早上採買準備，中午晚上忙著翻鍋炒菜，總是想努力一點，讓經濟有起色。

阿文是個貼心的孩子，功課不好，上午在三流高中進修部就讀，下午在加油站打工，半工半讀，時間排得滿滿的，阿文體力吃不消，加油站有人介紹阿文提神良方冰糖，累的時後，將白粉放到玻璃球加熱，產生煙氣，深深呼吸，提經振神，阿文天真的跳進毒品的陷阱，日日秉燭夜遊，向未來借時間，興奮的過後，往往是更深的深淵，借來的都要還，日益消瘦，兩眼無神，走向魑魅魍魎，每日都對自己說這是最後一口，但興奮過後無邊的沮喪，只能一次次在躲進毒品的坑洞裡，坑坑疤疤。

白天勉強去上學，也只是趴在桌上退藥，加油站工作因為精神不繼，被辭退，忙錄的父母有天覺得不對勁，問怎麼了？無助的阿文跟父母坦承吸毒的事實，父母著急，但每天小吃店壓力也很大，詢問阿文是否要去自首，阿文說好，夫妻急忙帶著孩子去自首後，夫妻店裡的生意要照顧，叫兒子好好在家，不要再胡搞瞎搞。

案件送進法院，調查時父母坦承孩子的問題，但現在孩子大都留在家裡沒亂跑，調查官驗尿，還是陽性反應，父母說孩子很乖啊！調查官跟父母說孩子的問題需要更長遠的協助過程，請家長可以陪孩子來參加盼望戒毒支持團題，父母說小吃店真的很忙，抽不出人力來參加。

這個邀約對父母的經濟運作是一個挑戰，少年家在調保官懇切的邀約中衝撞，幾天後，夫妻決定讓小吃店在星期四休息一次，父母與姐姐陪阿文來團體，調保官看到父母跨出一大步。

阿文骨瘦如柴，在毒品的自我檢測，孩子自己站到了使用區，孩子的誠實，有心想改變，大家給與很大的支持與加油！唱詩歌時，全家一起，父母忙於生意，姐姐大學畢業後也忙於工作，全家以前曾於星期六一起到教會學習，在唱歌時喚醒了過去美好的成長記憶。之後到爸爸到爸爸小組，媽媽與姐姐到媽媽小組，聽大家分享毒品對孩子的摧殘，但孩子在混亂中，父母的打罵可能就破壞了本來脆弱的關係，孩子走在一條黑暗的道路，現在每兩星期來這邊學習，驗尿為孩子在受誘惑時，設立一道防護牆，萬一有使用跌倒，大家鼓勵孩子遠離誘惑再站起來，父母來到團體彼此鼓勵，有了能量，回到家裡，看到不爭氣的孩子，就能一步步接納，不再只是責罵、諷刺、酸言酸語，親子關係改善，孩子毒品改善，有能力逐步走出來，開始工作或就學，漸漸找到自己的方向，這是一條長久修復的道路。

團體結束後兩天，父親打電話給我，他們全家商量星期四晚上，父親會陪少年來團體，上班的姐姐星期四晚上去幫小吃攤的母親，我很感謝父親的信任，讓我們走在方法中協助阿文。

開庭的時候，三十九公斤的孩子骨瘦如柴，阿文還在毒品的牢籠，法官予以收容，讓少年離開毒品與退藥，每星期家人去探望少年，少年感受父母與姐姐的關心，家人的心團結在一起，阿文沒有使用毒品，氣色越來越好，身體長肉，變成有精神的四十二公斤小伙子，學校老師也很關心阿文，特別過來少觀所探視他。

收容兩個多月出所，阿文早上去上學，中午去父母小吃攤一起工作，每兩星期四與父親來團體，阿文生活有重心，在團體有心學習，心測哥哥也常常注意少年的心理適應，阿文有個可以談心的好傢伙，心裡很有安全感，學校學習沒有很大壓力，老師也很關心，上學很愉快，以前的朋友來找，阿文覺得不好玩，也怕被關，就不跟他們出去了。

每次晚上六點來團體，阿文快樂的跟調保官打招呼，父親也跟我聊聊，說：「自己的家其實全家都是基督徒，但因家裡的祖先要有人拜，父母就讓他沒有受洗，讓他要拜祖先，但他這次陪孩子來團體，看到大家陪這些迷失的孩子，牧師帶爸爸小組，讓大家了解自己的孩子，從聖經的教導中了解每個人都有弱點，但神給我們恩典，克服這些不足，讓我們有信心，牧師為父親們祈禱，安慰了破碎的心靈，每次與孩子來團體學習，好像是父子一次次相聚的學習，現在家人關係緊密，好高興孩子救回來了。」

經過半年，學校也看到阿文的進步，想要表揚少年，我問阿文，這樣表揚，你的故事很多人會知道，你會擔心嗎？我要他與父親考慮一個月後再回答，一個月後我問，他說：「自己進步很高興，想要讓別人看到。」父親說：「如果公開阿文的故事，也可以幫助到有這樣問題的家庭，勇敢的求助，得到幫助，反而救了一個家庭。」那天他們接受了市長的頒獎，記者採訪，阿文與父親他們講到自己在團體中，有方法與系統的協助，鼓勵有困難的家庭走出來，學校同學都為少年打氣。

阿文的勇敢鼓勵了很多人，阿文與爸爸走過黑暗，他們的復癒成為了一道光，那是一年前，現在第二年多了，阿文與爸爸已成了盼望的學長，幫助新進者，阿文現在四十九公斤，氣色很好，學校學習與家裡小吃店工作都有成就感。

那天爸爸跟我聊說：「以前工作努力，好像付出一切，但也賺沒什麼，夫妻一直很擔心，也疏忽了阿文的照顧，現在來團體，就放心學習，家人有了笑容，竟然生意成長，經濟好多了，真是奇妙！」

二十四、滿足

以後我結婚有孩子，我會愛他，帶他去吃他想要吃的，玩他要玩的。不要像我一直在找——吃飽的滿足。

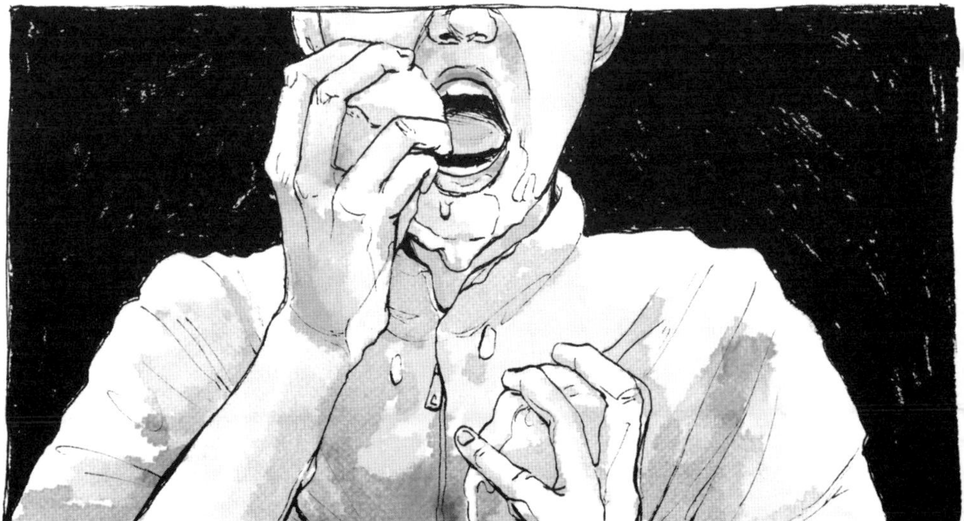

母親十幾歲生下我，把我丟給父親就走了，父親沒有想過如何養小孩，我們住在東高的山上，二十歲的父親去當兵，就不見蹤影了。

高原上的破房子，五十歲的阿嬤，醒了喝酒，醉了睡覺，行動不便，年邁的阿祖，守著房子，在山邊種些菜，我記得一天只有一餐飯與菜可以吃，很少有肉，我有原住民的黝黑皮膚，長得比一般孩子瘦小，每天都很餓，村裡下午會有叭噗車過，小孩們追著叭噗車，看著同伴拿著銅板，老闆會給他們一支冰淇淋，我沒有銅板，看著同伴吃著冰淇淋舌頭舔著唇邊，我也舔著我的嘴唇，眼裡冒著羨慕的金光，大概老闆也不忍心了，有一天他賣給其他孩子後，送一支給在旁邊流口水的我。

山裡的老師很關心我，小二時老師通報了社會局，有一天放學，世展的社工把我帶至寄養家庭。

在蓮新的寄養家庭裡，阿姨自己一個人照顧四個小孩，阿姨給大家像在寄宿學校制式的生活作息，我有三餐可以吃飽很高興，有熱水澡可以洗很開心，有床板睡很舒服，也有零食吃。學校的同學，每次都會帶來新樣式的車子、玩具，每個同學幾乎都有，但自己就是沒有。我眼神看到老師的皮包，對於偷竊我有天生的靈巧，手腳超快，拿到老師皮包裡的錢，很快去園遊會買了同學所有樣式的車，也很快被發現，車子被沒收了，老師訓示我不可以偷錢，我了解也很後悔，但被罵，被打或後悔都沒滿足內心想玩車或吃零食的欲望，後來又發生了一次偷竊行為，我就被帶離那邊了。

社工再幫我找到同一城市的寄養家庭，寄養爸媽所生的哥哥姐姐大了，就幫忙照顧像我這樣的小孩，我有一個同伴，爸媽對我們很好，我那時小三，還沒零用錢，我動腦偷個十元或二十元，去買想吃的冰或零食，我的同伴會阻止我，而且就算我偷到了，買了東西他也不會吃我偷錢買來的東西，而偷錢被爸媽發現也會管教我，我覺得爸媽是真的愛我，管教是為了我好。

小四因為較大了，可以有零用錢，每天五十元，我可以買自己喜歡想要的東西，這一年我都沒有偷錢，後來因為安置的時間滿了，我回到山上的家。

家裡曾祖母過世了，阿嬤還是一直喝酒，父親工地做工，工作時喝酒，下工時還是喝酒，小五到小六父親發起酒瘋，拿起棒球棍就在我身上亂打，又拿高爾夫球棍打得我遍體鱗傷，還把我的頭打到腦震盪差點變白痴，醫生看不下去，通報家暴中心，家是一個恐懼驚嚇的代名詞，我直接被送到大北的寄養家庭。

寄養爸爸在航空公司上班，寄養媽媽是國小老師，自己的兒子大了當憲兵，姐姐幫忙媽媽照顧我與一個小三的同伴，我們白天去上學，媽媽叫我們把學校剩的營養午餐帶回來，媽媽就把帶回來的飯菜當成我與同伴的晚餐，印象中感覺像在吃「ㄆㄨㄣ」，媽媽與姐姐會躲在房間吃他們煮的東西，小六時我跟媽媽說要買什麼，媽媽說改天會給，但永遠沒給。

兩三個月後我開始偷錢，偷幾百元或幾千元，偷到錢也很快花掉。國三同學開始有手機，我經過裁縫店，看到手機，趁老闆不注意就偷來用。

有一次校外教學，媽媽還是沒給零用錢，沒有準備零食，我就偷了爸爸一件皮衣，竟然皮衣口袋有金子，我不太懂什麼是金子，把金子丟了，回家看到爸媽發現皮衣不見了，非常生氣，馬上叫社會局。

我父親那年剛好從蓮新搬到近沚，我回到父親身邊，父親還是喝酒，但似乎沒有以前的酒瘋，我很怕，但我長高了，父親沒有能力抓起我打。

父親交往也是原住民的阿姨，阿姨離婚有一個女兒，阿姨常常跟我聊天，問我好不好，買些點心或零食放在家裡，疼我跟她的女兒一樣，父親喝酒，阿姨看著父親要發酒瘋，阿姨保護我，我很自然的叫阿姨媽媽，阿姨也很高興，後來父親與阿姨結婚了。

回到家國中畢業，我白天找到一間汽車修護場工作，晚上在近沚的高職夜間部讀書，高一時薪水八千元，我可以買自己想吃的東西，還幫忙家裡補貼房租三千元，高二我調薪到一萬元，我買了手機，也開始買名牌，開啟了我的世界，接著沉迷FACEBOOK，同事、同學加來加去一百多個朋友，交了一個十七歲學美髮的女友，我們合得來，現在薪水一萬八千元了，保護官一直勸我存些錢，不管是多或少，但我不曾在存摺或豬公存過什麼錢。

今年我高三畢業了，偶而會喝酒，但我很節制，絕對不會耽誤工作或學校。現在我很高興能把自己養大養好吃夠玩夠。

母親從沒有存在我的記憶裡，我一直覺得家裡有阿姨後，阿姨能鎮住父親，關心我，讓我有安全感。以後我結婚有孩子，我會愛他，帶他去吃他想要吃的，玩他要玩的。

不要像我一直在找——吃飽的滿足。

二十五、維與岳的選擇

一個有了喜悅的結果，他成為一個幫助人的人，
一個仍秉持自我執著，在毒海中流浪。
我是一個觀護人，曾改變他們嗎？
我想仍是他們的選擇，決定他們生命的結果。

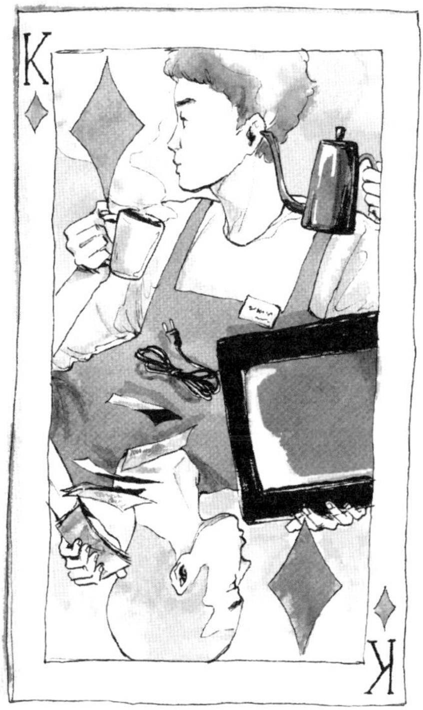

我是一個觀護人，來自貧窮家庭，因為自身困難的經歷，希望可以做助人的工作，也因為青少年苦悶的過程，學校只有考試，我知道這不是人生唯一的內容，應該有很多面向可以追尋，我，大學的時候期望自己將來做觀護人，有機會跟很多青少年討論人生。

大學畢業後我依人生的規劃，通過高考，當了觀護人，我的工作通常是助理把少年犯罪的案件放到我的桌上，我開始家庭訪視、進行審前調查與少年及家長談話、與法官開庭、法官裁定做成輔導方向，助理放下案子的那一霎那間，也開啟了那個孩子與家庭及我的生命史。

阿維的父親是銀行的高級主管，母親是公務人員，父母重視子女的教育，三個孩子都讀私立國中，兩個姐姐循規蹈矩，但阿維總是跟老師對立，屢屢挑戰老師的情緒，阿維在學校的下場是不斷的在教室被罰站、或被老師趕出教室，出入訓導處，有一天阿維被學校退學了，不願住家裡，住朋友家，每天放學站在校門口等朋友，看不爽就揪人打架，學校無奈報案，警察將阿維移送法院，法官覺得少年不受教，開庭時諭令收容，父親不能忍受法官關他的孩子，在法庭上跟法官咆哮你為什麼關我的孩子，法官跟家長解釋，父親仍不接受，父親把孩子接回去，但約兩星期後，父親打電話給我，阿維賣毒了，父親請求我救救少年，這次父親心甘情願讓少年被收容。

阿岳的父親是黑道大哥，之前工作賺了些錢，娶了漂亮太太，生了阿岳與妹妹。父親在一個意外中過世，留下一、兩億財產，母親只需每天做臉或上美容院，過著貴婦般的生活就可以過生活了，妹妹很乖，但阿岳因為喜歡交朋友，有一天朋友介紹了一種放鬆的東西，阿岳沒有拒絕，從此呼朋引伴開K趴，盡是女色與毒品，阿岳盡情享樂，每年花上兩、三百萬，沒錢就找母親拿，母親不敢拒絕，有一天警察侵入K趴，阿岳被移送法院，毒品嚴重，阿岳先被法官關起來。

阿維與阿岳兩人關在少年觀護所，同一個收容室，兩人作息被規律化的生活修正，等著開庭，不知道未來會怎樣的安排？

我在想怎樣的安排對阿維最好呢，我去參觀了一個安置機構，那裏是一個共生團體，牧師與師母本著神愛世人的理念，協助各種落難、犯罪、不幸的人，機構經由共生方式，彼此協助，很多人回頭或茁壯了，本著被幫助的經驗，再幫助別人，牧師與師母對我說，讓他們來幫助他，開庭後我把阿維送到那裡，牧師與師母用心對待少年，共生人互相鼓勵，但阿維仍是自以為是，偷雞摸狗，有人捐了六台電視給機構，阿維去載，但卻偷偷將三台載去賣，中飽私囊，另外三台載回機構，有人看不下去，提報出來，阿維覺得被抖出來，是那人的錯，與那人大打出手，牧師與師母出來勸說，希望阿維能改過，但阿維惱羞成怒，打電話給我說，不要再住機構了，他要回家找工作，我想阿維機構住不下去，暫時讓他回家，但阿維也只回家住了兩天，又住到朋友家，阿維需要定期來法院報到，看他臉色越來越差，有一天我覺得如果再讓他自己走出去，他可能會因為吸毒過量，死在路邊，我打電話給法官報告法官，讓少年先回少觀所。

阿岳開庭時，一直表示自己知道錯誤，母親也保證一定會好好管教阿岳，法官裁定阿岳可以回家，但需要定期來法院報到。

阿岳回家後，朋友很快來找，再度淪陷毒品，每星期他來法院總是說「觀護人再給我兩星期」，我請了社工跟他分享福音，社工跟他約時間，他總是睡過頭，社工很有耐心，總是等待，但他總是睡過頭。

有一天我跟他說，留在原來地方，只是讓毒品越來越嚴重，建議他至加拿大的福音團體「青年使命團」學習，讓生命能從新開始。

阿岳恐懼不會說英文，母親捨不得兒子，女友捨不得男友，幾個月內看著阿岳累積的陽性尿液報告，我一再的與母親與女友溝通，讓阿岳離開，他們不會失去他，反而會在之後再擁有他。

後來阿岳同意至加拿大，在上飛機的前一天，因為分離的難過，阿岳使用了大量的毒品。

至加拿大有親切的教友，大家一起學習福音，唱詩歌、祈禱，在冰天雪地中沒有毒品的誘惑，阿岳能專心投入學習，也很快靈活使用英文交談與書寫，他開始在使命團的咖啡店工作，他做的奶泡雕花，獲得好評，每天泡上兩、三百杯咖啡，他也去福音分享，幫助遊民，以前不知人間疾苦，現在是那麼喜樂的投入。

阿維開庭，法官建議少年可至加拿大，與阿岳有同樣的成功經驗，或至國內有名的戒毒團體戒毒村，讓自己安靜修養兩、三年，但阿維覺得太長了，他不要，他只想要被關兩個月，之後大家放他自由，我不忍阿維，做這麼不智的選擇，開庭時我替他決定去戒毒村，裁定時阿維給了一個暗暗的微笑，我心裡祈禱阿維能像其他少年去晨曦會獲得新生命。

一月九日阿維被送至南東的戒毒村，但在隔天，他就從在無鐵絲網與開放的大門，自行走出，戒毒村找不到少年，立刻通知我，我突然了解法官裁定時阿維那個暗暗的微笑代表的意義。

法院發布了協尋（通緝）。

二月十八日阿維被警察抓到，因為結案日期已到，我也只能望著他走。

二月十八日阿岳下飛機，帶著他在加拿大學習福音的成長與喜悅來到我的辦公室，謝謝我勉強他去加拿大，他說曾經多麼恨我，但現在他多麼感謝我，讓他擁有新生命。

兩年多前他們同在一個收容室，等待我們的安排，他們的生命都曾被勉強的去改變，一個有了喜悅的結果，他成為一個幫助人的人，讓自己變成神有用的器皿，是神國福音悔改律法最好的見證人，一個仍秉持自我執著，在毒海中流浪。

我是一個觀護人，曾改變他們嗎？我想仍是他們的選擇，決定他們生命的結果。

二十六、誰有問題！

少調官做案件的調查，
孩子本是惹事製造麻煩的人，理當接受處罰，
但聽了他們的生命故事，
在想到底——「誰有問題」？

銘棋看到自己朋友的脖子被押著，想幫朋友，心急打了對方幾拳，被害人告上警察局，爸爸長義覺得很丟臉，叫母親素雲自己去處理，還好對方家長知道自己的孩子嘴賤，挑起事端，只要求幾個打人的同學，道歉、各賠償三萬元，就撤回告訴，但案件已到警局，法院還是要了解原委。

素雲陪著銘棋到法院，媽媽長得清秀，對於少調官詢問，一一回答，沒有袒護，銘棋喜歡朋友，但他為什麼喜歡跟單親、功課不好的孩子在一起呢？

孩子的爸爸長義，來自鄉下的家庭，是家裡最會讀書的孩子，對自己要求高，對父母孝順，母親素雲，一直是個乖乖牌，大學認識長義，覺得他功課好，人品不錯，沒有太多考慮，就跟了這個男生，大學畢業，當兵退伍，長義考上公費留學，兩人結婚，飛到美國讀博士。

美國的生活令人羨慕，實際上在語言與文化差異克服都很辛苦，經濟刻苦也都苦撐過來，五年後先生拿到博士學位，衣錦還鄉，找到國內頂尖研究機構研究員工作，收入中上，長義家庭重視，從不讓素雲外出工作，希望孩子在安全無虞的環境中成長。

接連生了三個孩子，素雲以先生為天，長義是家庭經濟的供應者，也是操控者，婆婆在世時，說長義一個錢打二十四個結，一個月在台北給素雲二、三萬，須煮食全家五口的三餐與孩子的生活費用，以前素雲很高興，生活雖清苦，但能親自陪伴孩子的成長，盡母親的職責，不用像其他的婦女要在社會上奔波。

長義收入不錯，但只給家用二、三萬，照顧三個孩子已捉襟見肘，素雲是父母的獨生女，看著年邁的父母，卻不能拿什麼錢回家，忍耐到極限時，跟長義開口，長義邊數幾張千元鈔票，邊嘀咕說她嫁了，是他家的人，聽了這話素雲好傷，但拿人手短，也只忍耐。

三個孩子銘宗、銘棋、銘婷都素雲親自照顧，國小表現不錯，國中後銘宗成績只有中等，勉強進了私立高中，長義很失望，將期望轉嫁到銘棋，國一銘棋還念得不錯，但在長義的高壓下，每天盯著孩子的成績，一分分計較，一不如意就大呼小叫，將家中東西猛摔，生活猶如在夢魘中，國二上，銘棋禁不住這樣的壓力，選擇離家出走，那時周圍只有單親的孩子了解銘棋的心情，叫他去他們家住，幫忙掩護，銘棋離家出走，長義不覺得自己有問題，只責怪素雲無能，將老大、老二教成這樣，他的兄弟姊妹學歷、成就都沒他高，但他們的孩子都是台大，高中還是北一女的榜首，叫他要把自己的面子往哪裡擺？

從以前素雲都是默默忍受，長義要求家裡一塵不染，就必須經常注意哪裡不乾淨，以免他發脾氣，長義不能忍受一個桌面超過兩樣東西，只要發現多餘的東西，不管用不用得上，就是往垃圾桶丟。

漸漸的素雲吃不好、睡不著，覺得不能呼吸，銘棋離家出走，問題到最高點，素雲幾乎活不下去，但不敢讓長義知道，學校老師家訪了解了素雲的問題，轉介她至社區中心憂鬱症門診，心理師進行夫妻婚姻諮商。長義是金牛座血型又A型，覺得諮商每九十分鐘要兩千五百元是浪費錢，他認為凡事要努力，不努力是找藉口，大約過了一年，長義就自動停止婚姻諮商。

在少調官的談話室，素雲提到自己的困境時，眼淚不自主流下來，這次銘棋打架，要賠償三萬元，長義不聞不問，自己還要想辦法去籌出錢來。

長義很節省，家用外的收入都存下來，在三芝買了一塊地，以前假日長義強迫家人一起去勞作，說在土地裡才能培養最實在個性，但在路程中三個孩子講話稍大聲或說要買東西吃等，長義聽了不順耳，就馬上變臉，將車開回家，大家一臉錯愕，之後三個孩子沒人要跟父親去，長義只好自己去，奇怪的是，只要他不在，素雲與三個孩子心情就放鬆，情緒獲得舒緩。

銘棋為什麼喜歡跟單親或功課不好的孩子一起，也許他覺得功課好的人都像他爸爸小心眼、難相處，讓他沒什安全感，單親的孩子因為自己受苦的經驗，反而包容力大，孩子也是這樣感覺被接納的。

自從銘棋因為不願接受父親的壓力，選擇離家出走，家人好像漸漸有革命的意圖，銘宗對爸爸虛與委蛇，段考成績達到父親要求標準，得到父親承諾的智慧型手機後，成績就一落千丈，銘棋安然的做自己，國三下免試到一間私立高職，尚未開學，現在每天在家打「英雄聯盟」，長義無奈也只能接受，老三銘婷現在才小四，更不在意的對父親指令說「不」，毫無退怯。

現在素雲自己嚐試批發些衣服，做小生意，長義一直反對，怕她沒做家務或把家裡弄亂，但素雲現在已沒那麼怕他了，她要找自己情緒的出口，學習創業，讓她有經濟自立的準備，不要再把先生當成她的天，充滿陰霾。

少調官做案件的調查，孩子本是惹事製造麻煩的人，理當接受處罰，但聽了他們的生命故事，在想到底——「誰有問題」？

二十七、快樂！

這有錢有地位的家庭，
卻是熱鍋上家庭，
每個人都想往外跑，
一個本是溫馨的母親節，
沒有人要為了名牌服飾與料理，
跟這個「用盡心力」的媽媽吃上一餐？

爸爸是名醫生，夫妻生了老大偉國、老二偉庭，爸爸平日忙於醫世救人，媽媽全力投入家庭照顧，爸爸同行經常往來，幾個醫生太太也在各方面互相較勁，表面上鑽石、珠寶、名牌服飾與包包，暗地裡到處打聽各地名校與名師，讓孩子不能輸在起跑點。

媽媽安排偉國與偉庭在總統級的私立幼稚園、國小、國中，因為同學們家長地位相仿，名車接送與名牌使用，無人例外，不需比較，大家也都習慣。

只要放學後，媽媽就帶著兄弟倆奔波在南陽街補習班與家教名師，將所有的時間都填滿，媽媽經常掛在嘴邊的話是「爸爸是醫生，你們也要讀醫學院，才不會讓我們家丟臉。」

偉國的興趣在美髮，高中媽媽阻止大哥學美髮，一直說：「你們要當醫生，學美髮讓爸爸的臉往哪裡擺」哥哥不從，母親退而求其次，安排一個資訊科讓偉國念，哥哥被迫放棄自己最愛的美髮，覺得媽媽剝奪了自己的人生，從此不再理會媽媽，在家冷默以待，白天去上學，回家就作自己。

爸爸鎮日忙於事業，很晚回家，回家也沒什麼聲音，大哥在家成為陌生人，媽媽以爸爸太累，不敢打擾，夫妻互動也不多，媽媽覺得跟偉庭特別親近，小時候偉庭以為所有的媽媽都是這樣，對於媽媽的凡事叮嚀，沒覺得不好，哥哥高一後對媽媽的冷漠，偉庭不能理解，覺得媽媽很可憐，每天放學後，媽媽帶著偉庭奔波於補習，數學才剛上完，媽媽馬上開車將偉庭載到另外物理名師那裡，放學五點，補習完回家已十一點，私立學校功課又一堆，作完功課已半夜一點，國中偉庭功課還不錯，媽媽全心期望偉庭考上建中，可以在父親同事中傳頌，但只考上一間中等公立高中，媽媽雖失望，馬上鼓起士氣，從放榜的暑假，就又安排了各大補習班與名師間來回。

偉庭對讀書沒什麼排斥，但對媽媽的緊迫盯人，偉庭逐漸明白哥哥的感受，不想再作母親刀下的的那塊肉。

高中課業很煩重，晚上又要在各補習班奔波，高一偉庭忍耐到了頂點，也到了沸點，偉庭不想再承受母親將家裡有孩子要當醫生的期望，壓在自己身上。

升高二暑假偉庭抗拒了媽媽安排的補習班加強課程，他打算要好好過自己的暑假，辦好轉學到五專的程序，上午是自己的電腦時間，下午跟朋友打球，偉庭已決定跟哥哥一樣要做自己。媽媽當然不太可能放掉偉庭，每天仍叮嚀偉庭衣服穿好，扣子要扣，馬桶蓋要掀起來，常常提醒讀書的重要，期望偉庭再轉回高中，偉庭技巧性的躲避母親，不想與媽媽有交集。

轉到五專電腦繪圖科，課程較輕鬆，同學也較開放，有一天不小心坐了同學偷來的機車，被當成共犯送到法院。

在談話室調查官聽著穿著名牌套裝、完美無瑕妝底的媽媽，與天性善良又愁容滿面的偉庭一來一往的敘述，媽媽說他們為什麼不跟我過母親節呢？我可以帶他們去買好看的衣服、吃有名的餐廳料理，看著偉庭嫌惡的眼神，調查官心想，這有錢有地位的家庭，卻是熱鍋上家庭，每個人都想往外跑，一個本是溫馨的母親節，沒有人要為了名牌服飾與料理，跟這個「用盡心力」的媽媽吃上一餐？

美婷十八歲認識輝成愛得熾熱，不顧輝成吸毒、偷竊、強盜的前科，很快美婷懷了小河，倆人辦了婚禮，但有了孩子，輝成也改不了本性，因為多次搶劫被判二十年，服刑時，輝成同意離婚，簽名辦了手續。

美婷要養小河，外地工作，先把小河寄在娘家，外婆作資源回收，大舅躁鬱症需長期服藥，二舅有癲癇，需吃藥控制，兄弟倆外面找不到工作，跟著外婆作資源回收，下午至晚上到處撿紙箱與寶特瓶或人家廢棄不要的金屬物等。家裡還有一個領有中度殘障與弱智手冊的阿姨，行動不便，每天在家發呆或看著電視發出咿咿呀呀的聲音。

小河自幼在這個家，大舅脾氣不好時，聽著外婆的指示，拿藥包給大舅服用，二舅癲癇發作，小河也依外婆的指示將湯匙放進二舅嘴巴，不要讓他咬傷舌頭，等二舅發作過後暈了睡一下就好了，瘋瘋癲癲永遠長不大的阿姨，有時還是小河的玩伴。

五歲後媽媽搬回家，因為之前沒有媽媽在身邊，媽媽回來，小河好珍惜，小河早產，智力屬弱智，雖不聰明，但也不會作怪，成績雖不好，但很喜歡到學校。

美婷是家裡唯一有能力到外面找到工作的人，白天作檳榔西施，晚上在餐廳打工，一家不是躁鬱、癲癇就是殘障、弱智，大家一起生活，沒什麼分別心，因為有身心障礙與殘障手冊與貧民身分，一家五本手冊，領政府二萬多元補助，加上資源回收變賣的收入，讓這一家人日子能過下去，資源回收工作雖讓家裡雜亂不堪，但大家不會抱怨，也不知要抱怨什麼？

有一天小河天放學走在人行道上，被一輛機車撞上，車主覺得小河擋著她的路，讓她跌倒受傷，反而對才國一小河先提告，案子不大，年輕的美婷帶小河來做調查，乾淨的皮膚，輕盈的身型，調查官還以為她是小河的姊姊，看不出她是小河的媽。

調查官問小河：「你最在意什麼」？小河很快回答：「媽媽。」調查官說：「媽媽一定很愛你，對不對？」孩子點點頭，調查官瞄到美婷眼睛充滿淚水。

美婷白天是檳榔西施，穿著短衣薄紗，一包包檳榔叫賣，晚上在餐廳送往迎來，對才三十出頭的她，這麼辛勞也只為了小河，孩子雖笨，但知道媽媽辛苦，雖然相處時間不多，卻是互相珍惜。

這一家人社會地位貧賤，工作位階低，但能彼此扶持照顧，沒有責罵或對立，該吃藥的吃藥，撿回收的撿回收，領社會補助也能安然自得。

少調官看到什麼都不缺的偉庭，對能提供名牌生活媽媽的拒絕，又看到傻傻的小河那麼珍惜那個只有些微時間陪伴她的媽媽，兩家身分地位天差地別，但到底「誰——快樂」？

盼望戒毒支持團體的緣起

盼望戒毒支持團體，剛開始由陳甘華觀護人及何美慧社工兩人發起，即使只有一個青少年，也要做。自一〇一年成立以來，以定期性的活動，每個月兩次團體活動，全年無休，慢慢地，青少年來了，家長也陪伴來了，一批熱心的志工也加入了。

創新社區模式戒毒處遇計畫，在開放的環境下，協助家長，輔導青少年就學、就業、就養、就醫。在現有法院系統毒品處遇過程中，往往在法院、收容所、感化、監獄、保護管束之間流動、循環。盼望戒毒支持團體，則擔負起保護管束的功能，修復家庭親子關係，保護青少年在毒癮的復原不復發。

盼望戒毒支持團體，家長的參與、陪伴、理解、愛與關懷，則是修復親子關係，重要的開始。家長的訓練及教育，藉著團體的溝通、理解，改變家長的觀念及行為做法，在家庭親子關係的挫折、失望、無助之中，獲得支持、安慰。

盼望戒毒支持團體結合法院系統、社工系統、宗教系統、醫療系統、心理輔導等社會資源，協助青少年毒品戒治的團體。

長期性的支持青少年戒毒，提供社會服務、學習成長，協助青少年到國外擔任社會服務工作，提供學習奉獻精神，學習自立。應用法律、心理，社工輔導，服務，福音等，協助戒毒，協助家長，輔導青少年就學、就業、就養、就醫。

盼望戒毒支持團體協助青少年到國外擔任社會服務工作。

剛開始要帶領十幾位青少年到國外，從事社會服務，需要近百萬的經費，真不知經費在那裡，美慧社工督導，還是帶著孩子去了，回來之後，經費也補足了，多麼神奇的奇蹟。

往後，服務地點遍及日本、中國、緬甸、菲律賓等國家，前後近百名青少年接受國外擔任社會服務工作。

心的改變，行為自然起變化。

一〇六年吳念真導演拍攝反毒微電影《毒字這條路》，幾位青少年願意現身說法，以正面的意念，傳達毒品的危害。由（台灣公益廣告協會）贊助拍攝，一〇六年八月正式公開在各大傳媒，宣導反毒及戒毒。

以社區處遇模式的創新方式，結合福音分享團體：教會，牧師，外國宣教士。教育組織：音樂老師，心理師，社工師，輔導老師，志工團隊，一起協助青少年戒毒及支持家長成長。

志工們熱心接待、準備食物晚餐、整理場地、報到、驗尿，逐漸形成一股溫馨的氣氛，舒適關懷的環境。

青少年在溫馨舒適的氛圍環境中，願意來報到，接受驗尿檢測毒品，以往在紅、黃、綠的毒品大考驗的活動中，願意誠實面對毒品的大考驗。

盼望戒毒支持團體，在活動中藉著教會的詩歌，開啟心門，藉著禱告，安慰受傷的靈魂，藉著過來人的分享，支持我們願意改變的意念，藉由破冰遊戲，增進情誼。

青少年活動，有藍球、探索遊戲、音樂、領袖訓練，活潑有趣。

家長則參與爸爸小組及媽媽小組，彼此學習、互相支持、溝通理解，

在這裡，沒有標籤、沒有指責，團體裡互相鼓勵、彼此交流、得到安慰，學習進步，更重要改變自己，陪伴孩子，走過漫漫長路，通過死陰的幽谷，也許，就是

五年、十年。

團體經過這麼多年，美慧社工督導提到，一個團體能夠支撐一兩年，就不錯了，我們持續這麼久，簡直就是奇蹟。

在團體陪伴訓練爸爸小組的朱牧師提及：一般的團體，希望人數越多越好，在我們戒毒支持團體，則希望人數越少越好，很可惜，人數還是無法減少，有時候有五十至六十人，有時更多，的確，這是多麼可怕的現象。

經過七至八年的日子，很多人默默的支持這個團體，青少年或家長，保護管束結束後，有的人願意留下來服務。社會善心人士，有的更提供經費的支持，有的提供人力的志工服務，團體成立至今，支出的經費，無法估計。

團體努力持續的經營下去，不用擔心，不用害怕，資源自然進來。

十分感謝默默支持我們團體的人。

盼望戒毒支持團體／臺北市盼望協會

（一）宗旨：

以戒毒支持為主要重點，以盼望一直在為主要目標，輔導青少年戒毒，協助家庭，促進身心健康、尊重生命價值與家庭健全發展為宗旨。

（二）組織任務：

1、提供青少年戒毒支持服務。

2、協助家長。

3、輔導就學、就業、就養、就醫。

4、應用法律、心理，社工輔導，服務，福音等，協助戒毒。

（三）成立工作組織

1、青少年組織：盼望戒毒支持團體

2、家長組織：父親成長團體，母親成長團體

3、福音分享團體：教會，牧師，宣教士
4、教育組織：音樂老師，心理師，社工師，輔導老師
5、志工團隊
6、宗教團體
7、社會服務組織：針對學校，社會團體的宣導活動
8、團體活動組織
9、檢驗組織

（四）活動計畫

1、活動名稱：「盼望戒毒支持團體」
2、活動目的：毒品是青少年自我探索過程中致命的一環，近年來毒品案件佔青少年犯罪大宗，本團體盡心盡力為青少年戒毒與毒品防治，提供服務。

（五）團體進行模式與內容：

1、採開放式團體方式，由士林地方法院各股調保官轉介有意願家長或少年，

仿照「無名戒酒支持團體」模式，內容有生命教育、過來人心情分享、戒毒少年與家長問題詢問、成立少年小組、媽媽小組，爸爸小組彼此支持與鼓勵等。

2、本團體協助有毒品問題少年或有毒品疑慮少年，每次均須評估少年進步狀態，參加少年均先以試劑初篩尿液，有偽陰性或陽性反應再送驗。

3、一〇三年六月起成立少年小組：盼望非洲鼓隊，對有藝術天份的戒毒少年，予以非洲鼓打擊訓練，能於團體詩歌伴奏，增強少年學習成就感。

4、一〇四年一月起成立少年小組：盼望藍球隊，有毒品問題的少年，往往之前大都有過動的問題，籃球運動可增進青少年在團體學習增加樂趣，並藉由運動訓練專注力，提升少年的能力。

5、一〇八年成立復原不復發團體，對藥物濫用兒少宣導藥物知識、成癮歷程、復原歷程，期盼兒少能步入常軌。

（六）盼望戒毒支持團體活動流程

每月第二周、第四周，周四晚上

（一）18:00～19:00

（1）晚餐時間

（2）採驗：依活動簽核內容辦理，以試劑初篩

□陰性（附卷存參）　□偽陰性（送驗）　□陽性（送驗）

□逃避採驗　□遲到，未採驗

（二）19:00～19:30 大團體學習

（1）詩歌（非洲鼓配唱）

（2）破冰

（3）尿液檢測討論

（4）宣導課程，生命教育與靈性學習

（5）十二法則訓練：

（6）□過來人分享

（7）□復原衛教學習

（8）□年終分享會

（三）19:30～21:15：分組學習

（1）少年小組：復原不復發團體

（2）少年小組：體驗教育
（3）少年小組：籃球隊
（4）少年小組：十二法則小組
（5）媽媽小組
（6）爸爸小組
（7）身心評估與醫療轉介
（四）21:15～21:45 個別談話
（七）工作人員（共約二十人以上）：
1、陳甘華調保官：活動策劃人，行政程序準備與作業等。
2、何美慧社工督導：主責團體帶領與內容規劃等，以琳士林教會教友朱俊誠牧師、許澄棉姐妹等約十人協助。
3、陳淑娥保護志工：規劃食物點心準備、門禁與場地佈置、安排等，帶領李美玉、王碧玉、陳淑媛保護志工、青少年家長志工等十位以上保護志工協助。
4、劉慧萍採驗員：協助參與團體少年驗尿事項，了解少年毒品改善情形。

5、心理輔導與評估專員：何炳輝。

6、團體成員出席人數約四十人～六十人。

（八）結論：

盼望戒毒支持團體：創新社區模式戒毒處遇計畫，結合法院系統、社工系統、福音系統、醫療系統、心理輔導等社會資源，協助青少年毒品戒治的團體。盼望戒毒支持團體，自一〇一年成立以來，以定期性的活動，每個月兩次團體活動，全年無休，長期性的支持青少年戒毒，提供社會服務、學習成長，協助青少年到國外擔任社會服務工作，提供學習奉獻精神，學習自立。應用法律、心理、社工輔導、服務、福音等，協助戒毒，協助家長，輔導青少年就學、就業、就養、就醫。以社區處遇模式的創新方式，結合福音分享團體：教會、牧師、外國宣教士。教育組織：音樂老師、心理師、社工師、輔導老師、志工團隊，一起協助青少年戒毒及支持家長成長。盼望戒毒支持團體，自成立以來，已經服務近五百名青少年，未來的承擔，則是盼望戒毒支持團體的責任。

（九）歷年來重要事蹟：

1、一〇一年盼望戒毒支持團體成立，創新實行社區模式戒毒處遇計畫。

2、一〇一年起，盼望活動，每個月兩次團體活動，全年無休。

3、協助青少年到國外擔任社會服務工作，提供學習奉獻精神，學習自立。服務地點遍及日本、中國、緬甸、菲律賓等國家，前後近百名青少年到國外擔任社會服務工作。

4、一〇四年台北市政府反毒博覽會盼望戒毒團體，宣導社區模式的戒毒處遇計畫。

5、一〇五年法官學院盼望戒毒支持團體學術研討會：探討法院青少年戒毒，社區處遇計畫的創新模式、成效及方式的研討會。

6、一〇六年協助吳念真導演拍攝反毒微電影《毒字這條路》忘了回家怎麼走篇及搖搖搖搖到奈何橋篇，由（台灣公益廣告協會）贊助拍攝，一〇六年八月正式公開在各大傳媒，宣導反毒及戒毒。

7、一〇六年台北市政府毒品危害防治中心，正式提供人力經費，加入盼望戒毒支持團體，擴大青少年毒品防治計畫。

8、一〇七年盼望戒毒支持團體結合台北市政府毒品危害防治中心，成立毒品防治訓練計畫：推廣毒品戒治的十二法則，每月兩次戒毒支持團體活動，每月一次訓練課程。

9、一〇七年三月配合法務部反毒宣導，第二次反毒微電影宣導，《毒字這條路》忘了回家怎麼走篇及搖搖搖搖到奈何橋篇。

（十）一〇六年十月盼望戒毒支持團體，正式成立盼望協會。

臺北市盼望協會
統一編號：72935134
理事長：謝東宏
聯絡方式：02-28714594
捐款戶名：臺北市盼望協會
銀行帳戶：臺北富邦銀行天母分行
銀行帳號：727120005640

國家圖書館出版品預行編目資料

背叛觀護人：盼望一直在 / 陳甘華著. -- 初版. -- 臺北市：博客思，2019.08

面；　公分. -- (心靈勵志；38)

ISBN 978-957-9267-18-2(平裝)

1. 觀護制度 2. 更生保護 3. 通俗作品

589.88　108007043

心靈勵志38

背叛觀護人 盼望一直在

作　　者：陳甘華
編　　輯：陳勁宏
美　　編：陳勁宏
校　　對：楊容容
插　　圖：大管
封面設計：大管
出 版 者：博客思出版事業網
發　　行：博客思出版事業網
地　　址：台北市中正區重慶南路1段121號8樓之14
電　　話：(02)2331-1675或(02)2331-1691
傳　　真：(02)2382-6225
E—MAIL：books5w@gmail.com或books5w@yahoo.com.tw
網路書店：http://bookstv.com.tw/
https://www.pcstore.com.tw/yesbooks/
博客來網路書店、博客思網路書店
三民書局、金石堂書店
總 經 銷：聯合發行股份有限公司
電　　話：(02) 2917-8022　　傳 真：(02) 2915-7212
劃撥戶名：蘭臺出版社　帳號：18995335
香港代理：香港聯合零售有限公司
地　　址：香港新界大蒲汀麗路36號中華商務印刷大樓
C&C Building, 36,Ting, Lai, Road, Tai,Po, New,Territories
電　　話：(852)2150-2100　　傳真：(852)2356-0735
出版日期：2019年8月 初版
定　　價：新臺幣250元整（平裝）
ISBN：978-957-9267-18-2

版權所有・翻印必究